Dear Peter

This is a "geological point of view" from the area where I am living. I hope this will make you want to come and visit me with

LE VOLCANISME

your family. My house will always be open for you and your wife.

Wishing you all the best

Karine

PS: I though this should bring you a good motivation to .... pratice your french!!! It should be more fun than a grammar book.

Gérard Joberton

LE VOLCANISME

Les sites volcaniques d'Auvergne

De Borée

La loi du 11 mars 1957 n'autorisant, aux termes des alinéas 2 et 3 de l'article 41, d'une part, que les « copies ou reproductions strictement réservées à l'usage privé du copiste et non destinées à une utilisation collective » et, d'autre part, que les analyses et courtes citations dans un but d'exemple et d'illustration, « toute représentation intégrale ou partielle, faite sans le consentement de l'auteur ou de ses ayants droit ou ayants cause, est illicite » (alinéa 1er de l'article 40). Cette représentation ou reproduction, par quelque procédé que ce soit, constituerait donc une contrefaçon sanctionnée par les articles 425 et suivants du Code pénal.

© EDITIONS DE BOREE
35, rue des Frères-Lumière - Z.I. Le Brézet - 63100 Clermont-Ferrand
Achevé d'imprimer dans la C.E.E. en juillet 1999
Dépôt légal 3e trimestre 1999
ISBN 2-908592-34-7

AVERTISSEMENT

Cet ouvrage est conçu pour donner les principales clés à la compréhension des phénomènes volcaniques par une approche pédagogique simple et abondamment illustrée, tout en restant le plus près possible des connaissances scientifiques actuelles. Je tiens à signaler à cet égard que le lecteur ne retrouvera pas exactement l'ancienne typologie acquise en classe de 4° (péléen, strombolien, vulcanien, hawaïen) : celle-ci a en effet été modernisée par les scientifiques. La notion ancienne de « types » étant trop réductrice, on parle plutôt aujourd'hui de « dynamismes éruptifs » (voir chapitre 5).

A ce titre je rends hommage à la brillante équipe des chercheurs volcanologues de l'université de Clermont-Ferrand, dont les travaux ont alimenté largement mes propos. Qu'ils soient ici remerciés et me pardonnent les « raccourcis » dont j'ai pu user afin de communiquer la richesse de la volcanologie aux « non-initiés ».

Le lecteur de cet ouvrage sera tout autant le visiteur curieux et néophyte, que l'enfant passionné par les feux de la terre, ou encore l'enseignant désireux de pénétrer ce monde fascinant. Le lecteur qui voudra aller plus loin pourra consulter les excellents livres sur le sujet présentés en bibliographie à la fin de cet ouvrage.

Et maintenant, place à la lecture et à la découverte. Bien sûr ce fidèle compagnon vous suivra judicieusement dans vos promenades, au cœur des volcans du Massif central.

CRÉDIT PHOTOGRAPHIQUE

Photo première de couverture : Marc Sagot.

Gérard Joberton. Photos pages :12, 15 (en bas), 17 (en haut), 18, 19 (en bas), 20 (en bas), 21, 39, 41 (en haut et à droite), 42, 43 (sauf en bas à droite), 47 (à droite en haut et au milieu), 55 (en bas), 57 (au milieu), 66 et 67, 69 (au milieu), 70 (en bas), 75 (en haut), 78 (en bas).

Marc Sagot. Photos pages : 8, 9, 10 (en haut), 11 (en haut), 12 (en bas), 13, 14, 15 (en haut), 16 (en haut), 17 (en bas), 19 (en haut), 25, 26, 27, 37, 40 (en bas), 41 (à gauche), 43 (en bas à droite), 45 (à gauche), 47 (en haut à gauche et en bas), 48, 50, 53, 54 (en bas), 57 (en haut et en bas), 58 (en haut), 59, 60 (en haut), 62 (en haut et en bas à gauche), 64, 66 (en haut), 68, 69 (en haut), 71, 74, 76, 78 (en haut), 82, 86, 88, 90, 94.

Jean-Marie Barnagaud. Photos pages : 22, 34, 40 (en haut), 45 (en bas), 72.

Joël Damase. Photos pages : 58 (en bas), 65, 75 (en bas).

Dominique Decobecq. Photo page : 47 (au milieu à gauche).

M.A. / H.G. - S.V.E. Genève ©. Photo page : 52.

Luc Olivier. Photo page : 20 (en haut).

SOMMAIRE

CHAPITRE 1
DES VOLCANS EN FRANCE ?
EN AUVERGNE ?..9

CHAPITRE 2
D'OÙ VIENNENT CES VOLCANS ?.....................23

CHAPITRE 3
DU MAGMA AU VOLCAN,
UNE HISTOIRE COMPLEXE ?............................29

CHAPITRE 4
DU MAGMA À LA LAVE, L'ÉRUPTION 35

CHAPITRE 5
LES DYNAMISMES ÉRUPTIFS 44
LES DYNAMISMES EFFUSIFS 46
LES DYNAMISMES EXTRUSIFS 50
LES DYNAMISMES EXPLOSIFS 56
LES ÉRUPTIONS EN PRÉSENCE D'EAU, LES MAARS 61
LES VOLCANS COMPLEXES 63

CHAPITRE 6
LES PRODUITS DE L'ACTIVITÉ VOLCANIQUE 67

CHAPITRE 7
LES VOLCANS ET LE RELIEF 73

CHAPITRE 8
LES VOLCANS ET L'EAU 77

CHAPITRE 9
OÙ Y A-T-IL DES VOLCANS EN FRANCE ? 81
LA CHAÎNE DES PUYS 82
LES MONTS DORE..84
LE CÉZALLIER 86
LES MONTS DU CANTAL 88
HAUTE-LOIRE ET HAUTE-ARDÈCHE 90
L'ÂGE DE LA TERRE, L'ÂGE DES VOLCANS 92

CHAPITRE 10
VOLCAN, NATURE ET HOMME… 95
ET POUR EN SAVOIR PLUS................................96

Chapitre 1

Des volcans en France ? en Auvergne ?

« *Un volcan, c'est une sorte de montagne vivante qui crache le feu de la Terre.* »

L'enfant définit ainsi le volcan. C'est presque juste… Souvent, c'est une montagne, mais parfois, ce sont simplement des fissures ouvertes à la surface de la Terre. La montagne peut avoir un beau cratère à son sommet, mais pas toujours. Cette montagne peut être jeune et active, mais aussi endormie, vieille ou inactive. Elle peut changer de forme avec le temps.

QU'EST-CE QU'UN VOLCAN ?

Disons que c'est le lieu où des quantités variables de lave sortent de la Terre pour s'épancher à la surface, sous forme d'explosions ou d'écoulements.

C'est l'accumulation des matériaux produits par les éruptions successives qui construit des coulées et des édifices que l'on va appeler **volcan**.

QUE SONT LES VOLCANS FRANÇAIS ?

Tout le monde reconnaît les beaux volcans récents de la chaîne des Puys (à

Le volcan Etna en Sicile, éruption de 1986.

peine 10 000 ans, c'était hier !). *Puy de Pariou et puy de Dôme à l'arrière-plan.*

Mais sait-on reconnaître un volcan sous ces montagnes arrondies ?
Les puys de la Tache, du Barbier et de l'Angle à l'arrière-plan du lac de Guéry dans les monts Dore.

Ou bien dans le cratère où s'est installé le lac de la Godivelle ?

Autour de son symbole le puy de Dôme, la chaîne des Puys présente ses 80 volcans presque alignés sur 30 kilomètres, du nord au sud. On vient du monde entier les admirer.

Les longs plateaux horizontaux et rectilignes, qui marquent les paysages à l'ouest du val d'Allier, sont les traces d'anciennes coulées de lave. *Ici, plateau au nord de Collanges.*

Les buttes de Limagne, du Bas-Livradois ou de la Comté sont, pour la plupart, des restes d'anciens volcans. *Ici, puy d'Ysson, près d'Issoire.*

Massif de la banne d'Ordanche, puy Gros (phase I).

On peut distinguer dans les monts Dore, 4 grands massifs édifiés à des époques successives en quelques millions d'années.

Ici, massif de l'Aiguiller (phase II), à l'arrière-plan du lac de Guéry.

Massif du Sancy (phase III).

Massif adventif, puy de l'Angle (phase IV).

Le Cézallier est un immense ensemble de grands plateaux formés par un volcanisme proche de celui des îles Hawaï.

Les rebords de ces plateaux laissent apparaître de puissantes falaises.
Ici Saint Bonnet-de-Condat.

D'anciens pitons volcaniques donnent un caractère très particulier au bassin du Puy.
Ici, le mont Aiguilhe et l'église Saint-Michel.

A l'est de Lavoûte-sur-Loire, l'Emblavès est parsemé de pitons nommés **sucs**.

L'Ardèche (Haute-Ardèche/Coirons) a connu aussi une intense activité volcanique.

Le mont Mézenc marque la limite entre le plateau du Velay et les hautes vallées ardéchoises.

Le suc de Sarra (à gauche) est le plus volumineux des sucs ardéchois.

Face au Mézenc, les rochers de Cluzet dominent l'immense cirque des Boutières.

Panache éruptif, le Stromboli dans les îles Éoliennes (Italie)

Chapitre 2

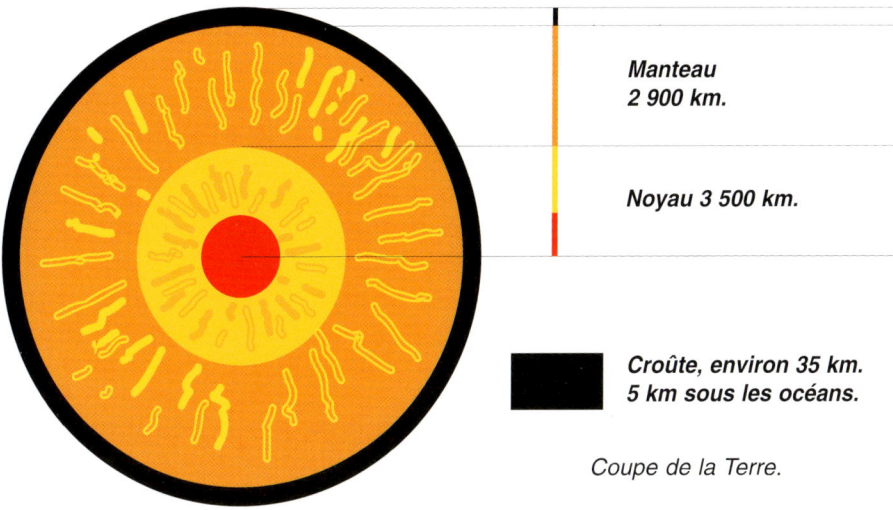

Coupe de la Terre.

D'où viennent ces volcans ?

Pour comprendre les volcans, il faut connaître la Terre, sa structure et les phénomènes dont elle est le siège tout au long des temps géologiques.

La coupe de la Terre ci-dessus permet d'expliquer sa structure interne, telle que l'ont découverte les scientifiques grâce à des mesures physiques complexes :
▲ A l'intérieur, **le noyau**, très chaud (plus de 4 000 °C), composé principalement de métaux (fer et nickel).
▲ Puis, au-dessus, **le manteau**, dont la température d'environ 1 300 °C à 100 kilomètres de profondeur va en augmentant vers l'intérieur. Il est constitué d'une roche nommée péridotite (silice, fer et magnésium).
C'est au sein du manteau que naît le magma, matière à l'origine des volcans.
▲ Enfin, tout autour, **la croûte terrestre** (en moyenne 35 kilomètres d'épaisseur) composée de roches de la catégorie du granite, ou la croûte océanique composée de basalte (en moyenne 5 kilomètres d'épaisseur).

La surface de la Terre est un vrai puzzle ! Elle n'est pas uniforme et continue, mais plutôt composée d'un ensemble de plaques rigides dont l'épaisseur, d'environ 100 kilomètres, comprend la croûte et la partie supérieure solide du manteau. Ces plaques dérivent côte à côte à la surface de la Terre, depuis sa création il y a plus de 4 milliards d'années, et se transforment progressivement : certaines s'agrandissent, d'autres disparaissent en s'enfonçant... C'est **la tectonique des plaques**.

Ces phénomènes sont particulièrement importants car ils permettent de comprendre l'origine des volcans.

L'observation de cette carte met en évidence deux sortes de plaques : **les plaques continentales** (les continents), constituées de tout type de roche, et les plaques **océaniques** essentiellement composées de roches volcaniques (basalte) et formant le plancher des océans.

Pour aller plus loin, il faut maintenant imaginer les pièces du puzzle, les plaques, changeant de formes, comme nous l'avons vu ci-dessus. C'est précisément ces changements qui sont à l'origine d'un certain nombre de phénomènes volcaniques. Voyons cela de plus près...

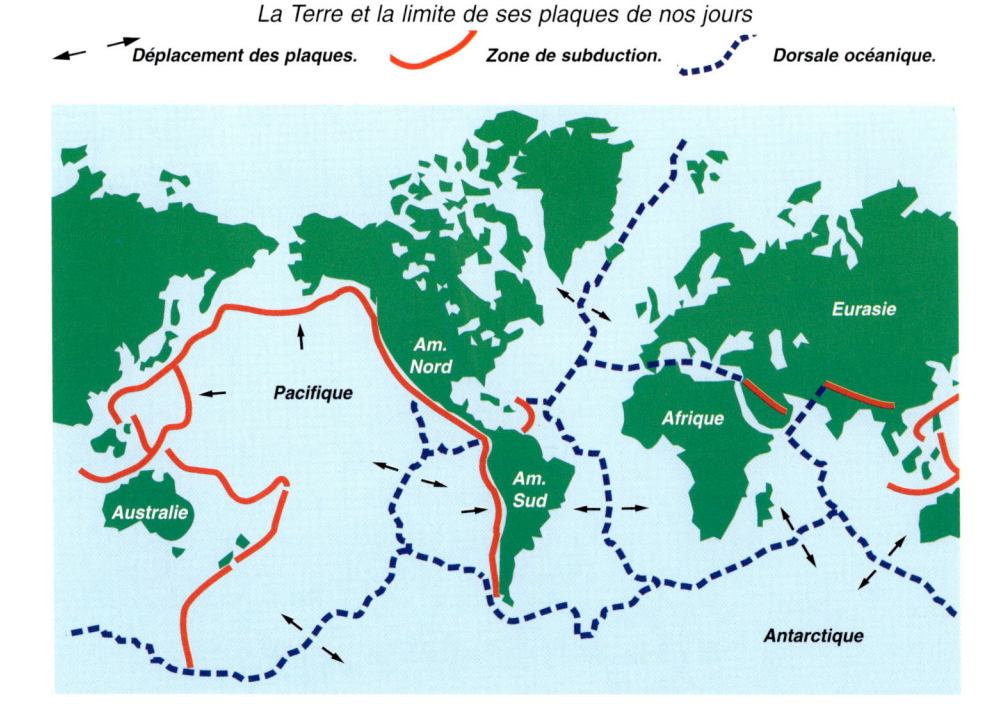

La Terre et la limite de ses plaques de nos jours

← → Déplacement des plaques.   — Zone de subduction.   ⋯ Dorsale océanique.

Grande fracture de Thingvellir (emplacement de la dorsale), Islande.

CAS N° 1 :

La naissance des plaques océaniques

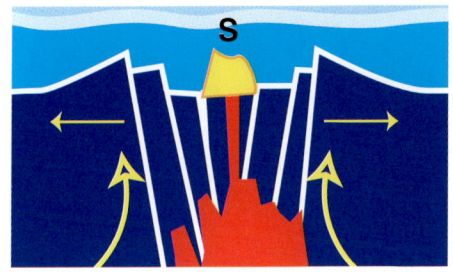

La simple observation de ce schéma permet de comprendre que la remontée continue de magma provoque l'accumulation de lave noire (basalte), à la limite « S » des deux plaques. Cette accumulation provoque l'élargissement progressif de ces plaques qui vont ainsi s'écarter (phénomène nommé « **accrétion** »).

Le mouvement des plaques est de l'ordre de 1 à 10 centimètres par an. Cela représente jusqu'à 300 kilomètres depuis l'apparition de l'homme sur Terre. Calculez donc ce chiffre depuis les dinosaures (200 millions d'années)… Le point de sortie « S » est le siège de manifestations volcaniques permanentes qui sont en général des épanchements de lave.

Lorsque les matériaux volcaniques accumulés permettent d'atteindre la surface de l'océan, on voit apparaître de vrais volcans à l'air libre qui vont former des îles ; c'est le cas de l'Islande. Ainsi, au milieu de l'Atlantique, d'un bout à l'autre de la Terre, s'étire une gigantesque ligne où l'activité volcanique « fabrique le plancher des océans » depuis des millions d'années. On l'appelle « **dorsale océanique** ». (Voir carte page précédente.)

CAS N° 2 :
La rencontre des plaques

▲ Ces deux plaques continentales se rapprochent l'une de l'autre ; on dit qu'il y a **collision** (origine de la formation de la chaîne Himalayenne par exemple). Des remontées de magma peuvent se produire.

▲ Par contre, dans ce deuxième schéma, la plaque océanique (à gauche) s'enfonce sous la plaque continentale (à droite) ; on dit qu'il y a **subduction**. La plaque qui s'enfonce est refondue au sein du manteau.

Les bouleversements produits par ces profondes modifications provoquent des séismes (voir San Francisco en 1906) et des remontées de magma du manteau, qui alimentent une forte activité volcanique ; c'est par exemple ce qui se passe le long de la côte ouest du continent américain. L'enfoncement de la plaque de l'océan Pacifique sous la plaque de ce continent est à l'origine des puissants volcans de la cordillière des Andes et des montagnes Rocheuses.

Volcan Osorno au Chili, zone de subduction.

CAS N° 3 :
Le bombement d'une plaque

Si la plupart des volcans apparaissent en bordure des plaques comme nous l'avons vu ci-dessus, un autre cas, complexe à saisir, doit être examiné pour comprendre l'origine des autres volcans.

Il faut pour cela imaginer de puissants flux de chaleur provenant du noyau de la Terre et propagés par les courants de convection (mouvements de chaleur) qui existent au sein du manteau.

Les flux, comme de puissants chalumeaux, provoquent le bombement du manteau supérieur et de l'écorce terrestre, créant les conditions favorables à la remontée du magma. Le lieu de tels phénomènes est nommé **point chaud** par les scientifiques.

ET POUR NOS VOLCANS FRANÇAIS ?

Situé au sein de la plaque continentale européenne, le volcanisme du Massif central est apparemment concerné par le cas N° 3.

Il existerait sous ce massif un point chaud qui aurait provoqué un léger bombement de la croûte, hypothèse étayée par la présence de roches chaudes jusqu'à une grande profondeur.

Ce bombement aurait provoqué la fracturation de la croûte terrestre, peut-être accentuée par les mouvements liés au plissement des Alpes.

Ces fractures (dont les failles de Limagne) auraient permis la remontée des magmas qui allaient alimenter les phénomènes volcaniques.

Schéma récapitulatif des différentes origines des phénomènes volcaniques.
1 : volcanisme de dorsale océanique. 2 : volcanisme de subduction. 3 : volcanisme de point chaud.

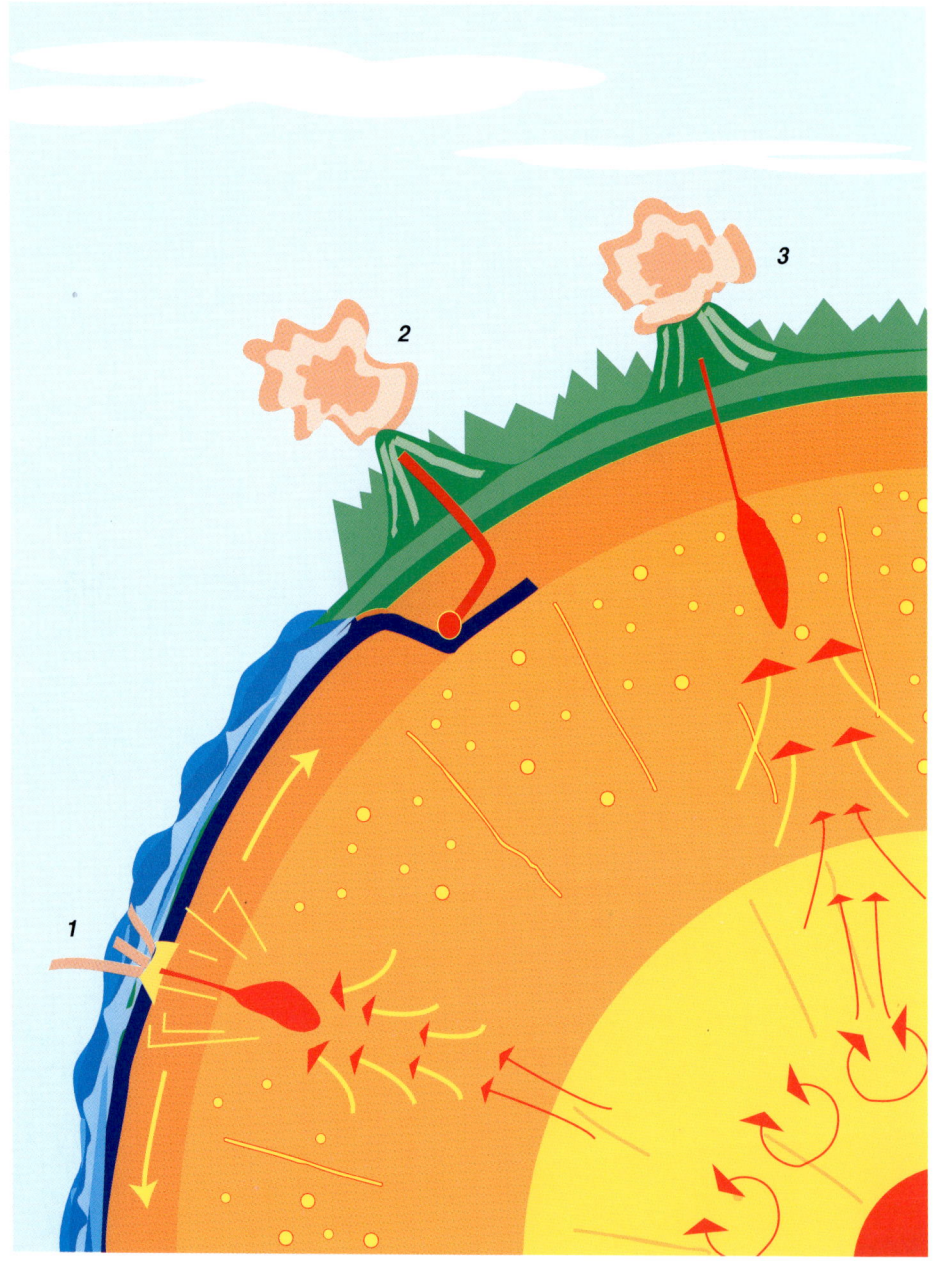

28

Chapitre 3

Du magma au volcan, une histoire complexe ?

C'est simple sur le principe général, mais cela devient très complexe si l'on essaie de tout comprendre. La science avance pas à pas ; il n'est pas évident d'analyser tous les phénomènes qui se déroulent au cœur de la terre et, de plus, sur des périodes parfois très longues (milliers ou millions d'années).

CE QUI EST SIMPLE

Il existe un certain nombre de phénomènes de déplacement de matière entre l'intérieur et l'extérieur de la Terre. On peut penser qu'ils se compensent globalement. Par exemple, lorsqu'il y a une subduction (voir chapitre précédent), une plaque glisse sous une autre et s'enfonce dans le manteau. Celle-ci, portée à une température supérieure à 1 200 °C, fond et crée ainsi une réserve de magma qui va pouvoir alimenter une activité volcanique intense et permanente.

Dans le cas des points chauds et des dorsales océaniques, des masses de matière remontent des profondeurs de la Terre vers la surface et entrent en fusion pour constituer les réservoirs ou poches de magma.

CE QUI EST COMPLEXE

A la complexité des mécanismes de mise en place, de déplacement et de remontée de ces magmas, s'ajoute celle des phénomènes chimiques qui se déroulent dans ces réservoirs nommés **chambres magmatiques**.

L'objet du présent ouvrage n'est pas de rentrer dans toutes les théories relatives à ces phénomènes internes à la Terre. Ils sont difficiles à expliquer et à interpréter simplement et, de plus, soumis aux aléas de la recherche qui, chaque jour, peut faire évoluer les théories.

Ce qu'il est essentiel de comprendre afin d'aborder la connaissance du volcanisme, c'est que ces phénomènes, dont le cadre est le manteau terrestre, aboutissent à la formation de ces réservoirs contenant des roches en fusion (plus de 1 200 °C).

Si ces poches de magma restent des dizaines de milliers d'années sans épanchement vers l'extérieur, elles se refroidiront progressivement et les minéraux composant le magma se cristalliseront totalement ; on a alors ce qu'on appelle **un pluton** qui pourra donner, après érosion, un massif composé de granite

(roche magmatique totalement cristallisée, dite « plutonique »).
Si, par le jeu des pressions et des fissures, une arrivée du magma en surface est possible, il y a volcanisme.

mètres de profondeur où règne une température voisine de 300 °C (10 kilomètres sous la surface).

Les roches plutoniques

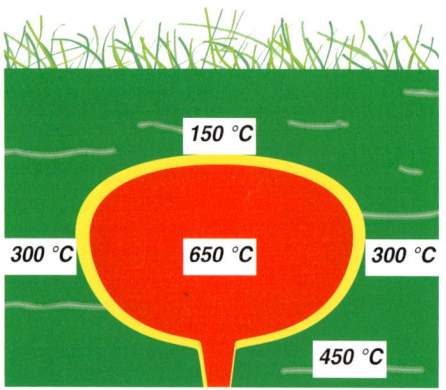

Surface de la Terre

Socle et magma

Les roches volcaniques

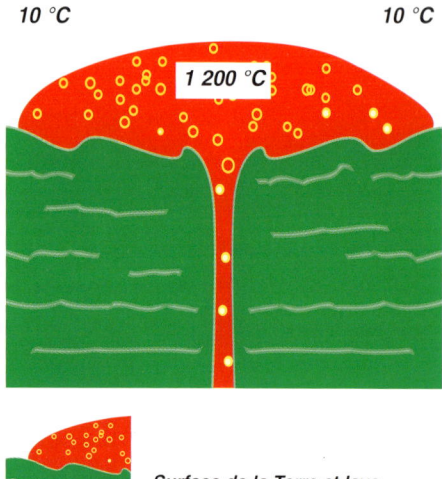

Surface de la Terre et lave

Les roches plutoniques sont formées par suite du refroidissement en profondeur d'un magma de composition quelconque, mais le plus souvent granitique, riche en silice. Ceci signifie d'abord que ce refroidissement a été très lent puisque les roches environnantes dans lesquelles s'est injecté le magma sont chaudes. Ces événements se déroulent à plusieurs kilo-

Les roches volcaniques se mettent en place à l'air libre, ce qui veut dire que leur solidification est extrêmement rapide : une lave qui s'épanche à 1 000 °C peut devenir en quelques heures une roche volcanique à quelques dizaines de degrés. Cette diminution brutale de la température a pour conséquence de figer le liquide, c'est-à-dire que la cristallisation n'a pas le temps de se faire. Il en résulte un verre volcanique (produit amorphe) ou une pâte (produit contenant quelques microcristaux). Ce processus est le même que celui de la « trempe » des métallurgistes.

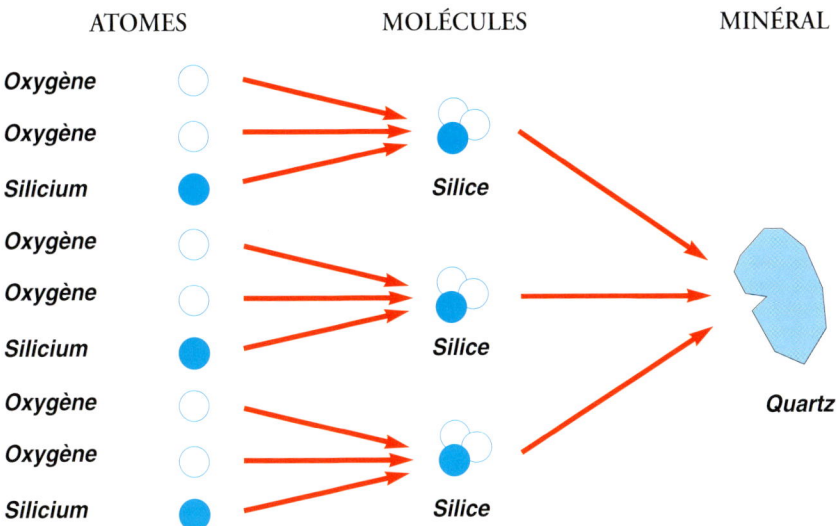

MAGMA, CRISTALLISATION, MINÉRAUX ?

Revenons sur ces termes pour mieux comprendre. On appelle **magma**, les roches fondues contenues dans les chambres magmatiques. Il est composé d'une pâte plus ou moins visqueuse (appelée **lave**) qui contient des gaz ainsi que des cristaux en suspension. La pression dans ces chambres est élevée, de même que la température (800 à 1 300 °C).

Le magma contient divers **minéraux** cristallisés ou non, composés de molécules de **silice** (1 atome de silicium et 2 atomes d'oxygène). Le schéma ci-dessus explique la relation qu'il y a entre les atomes, les molécules et les minéraux.

Chaque espèce de minéral contenu dans le magma passe de l'état liquide à l'état solide à une température bien définie. Chaque minéral a aussi sa propre température de fusion. Le passage à l'état solide (par refroidissement du magma dans lequel se trouve le minéral) peut se faire de plusieurs façons selon la rapidité du refroidissement.

Un refroidissement lent aboutit à la formation de **gros cristaux**. Chaque minéral donne un cristal de forme spécifique.

Un refroidissement plus rapide ne permet pas l'apparition de grands cristaux. Il se forme alors des petits cristaux (**micro-cristaux**).

Un refroidissement très rapide ne permet pas la formation des cristaux. Le résultat est une **pâte vitreuse** (apparence du verre) qui est créée par le même processus de refroidissement rapide de silice fondue à partir de sable.

Exemples de cristaux

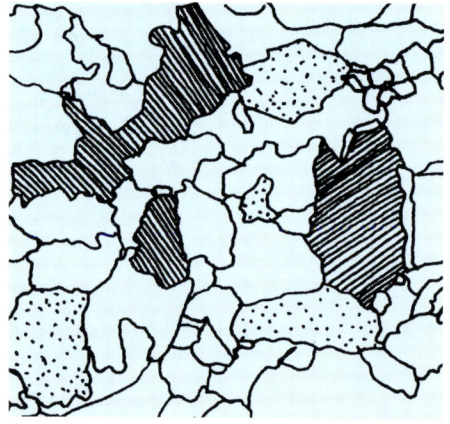

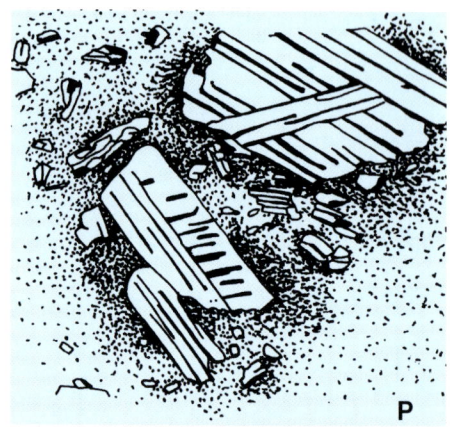

occupent tout le volume par leurs cristaux, signe de la lenteur du refroidissement du magma à l'origine du granite.

▲ Au contraire dans celle-ci, qui est une roche volcanique, les trois espèces de minéraux (feldspath, amphibole et mica) se présentent sous forme de petits ou grands cristaux englobés dans une pâte vitreuse « **P** ». Les plus gros cristaux sont ceux qui se forment les premiers dans la chambre magmatique (cristallisation à température élevée).

LE MAGMA ÉVOLUE DANS LE TEMPS

Des phénomènes complexes se produisent dans la chambre magmatique, comme dans une marmite contenant plusieurs ingrédients :
- la cristallisation progressive des minéraux comme nous l'avons vue ci-dessus.

▲ Dans cette coupe de granite vue au microscope, on voit que les trois espèces de minéraux (quartz, feldspath et mica)

- le dépôt de cristaux lourds au fond du réservoir.
- les mouvements de brassage.
- la fusion des parois de la chambre, composées souvent de roches de nature granitique, très riches en silice, qui va augmenter la proportion de ce minéral au fur et à mesure du temps.

Le magma remonté du manteau est de nature pauvre en silice (basalte : silice <50%). Les phénomènes énumérés ci-dessus enrichissent progressivement le magma en silice au sein de la chambre jusqu'à 60%, 70% et plus.

On comprend donc aisément que l'état chimique du magma, dont la remontée provoque une éruption, conditionne directement le type d'éruption et la nature des laves qui seront produites. En effet, nous verrons plus loin que **différents magmas donnent différentes laves et que la nature et la force des éruptions dépendent étroitement de la composition chimique et physique du magma.**

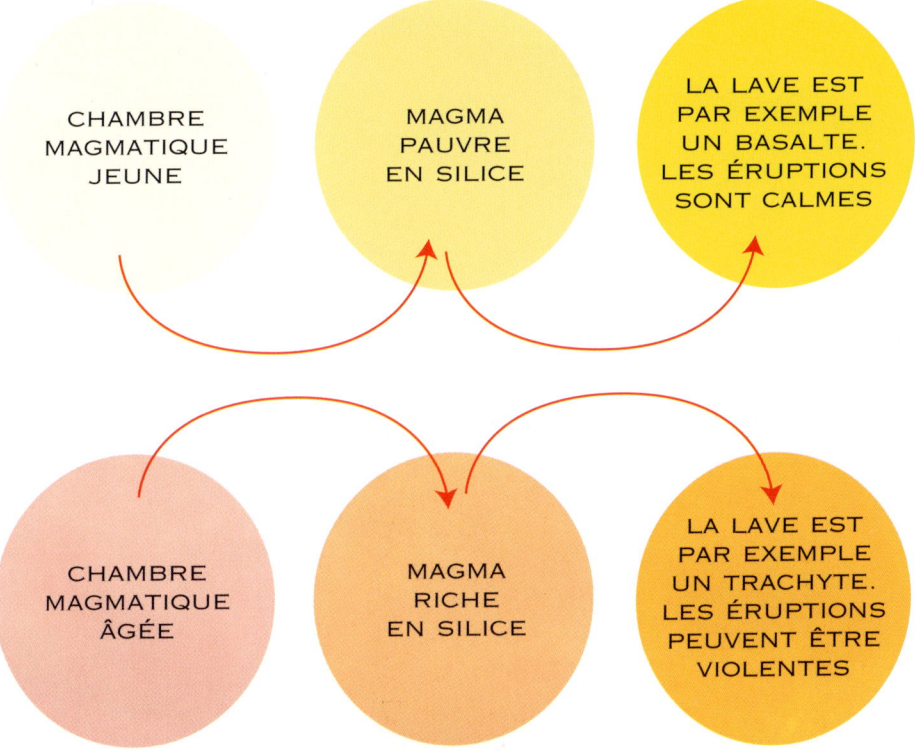

Eruption nocturne au Stromboli, îles Eoliennes en Italie.

CHAPITRE 4

DU MAGMA À LA LAVE, L'ÉRUPTION

QU'EST-CE QUI DÉCLENCHE L'ÉRUPTION ?

C'est un déséquilibre à l'intérieur de la croûte terrestre ou du manteau qui provoque la montée de la lave.

L'éruption volcanique est le processus qui permet de rétablir l'équilibre par libération d'énergie.

Les volcanologues ont recensé plusieurs sortes de déséquilibres comme par exemple : *A*, *B* et *C*.

A Les déséquilibres de température

Les parties du magma qui sont au contact avec les parois de la chambre magmatique se refroidissent plus rapidement que la partie centrale. Les écarts de température ainsi créés au sein du magma provoquent des mouvements qui tendent à rétablir l'homogénéité de la température au sein du réservoir. La présence de fissures dans le socle qui contient la chambre peut ame-

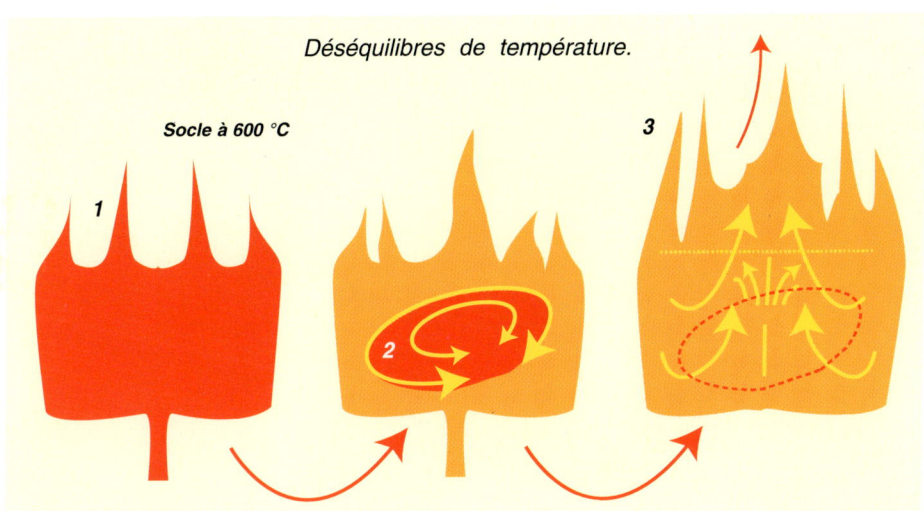

Déséquilibres de température.

Socle à 600 °C.

■ Magma à 1 000 °C.

Voie d'accès du magma.
1. Fissures fermées.

■ Magma à 1 000 °C.
■ Magma à 800 °C.
2. Mouvements tendant à homogénéiser la température de la chambre.

■ Magma.

Fissures permettant la montée du magma.
3. Fissures ouvertes.

ner une partie du magma à s'échapper vers la surface.

B Les gaz

Lorsqu'un magma refroidit, les gaz s'y dissolvent de moins en moins bien. Des bulles de gaz se forment, ce qui a pour effet d'augmenter la pression.

Quand elle devient plus forte que la pression des terrains situés au-dessus de la chambre, il y a explosion, c'est-à-dire libération brutale des gaz. Le magma se déplace vers la surface par décompression.

C Les différences de densité au sein d'une chambre magmatique

Lorsque deux liquides non miscibles (exemple : eau-huile) sont en contact, le moins dense a tendance à se mettre au-dessus de l'autre. Si un magma peu dense arrive dans la chambre magmatique sous un magma de densité plus élevée, il se produit un déséquilibre parce que les deux magmas ne sont pas à la bonne place ; ceci entraîne une libération brutale d'énergie qui peut ouvrir des fissures et permettre à une partie du magma de s'échapper.
(Voir schéma ci-dessous.)

COMMENT SE DÉROULE UNE ÉRUPTION ?

L'éruption est issue de la remontée du magma et de la séparation du liquide qui donnera la lave, et d'une partie importante des gaz, dont l'abondance a un rôle déterminant dans la violence de l'éruption (voir page ci-contre).

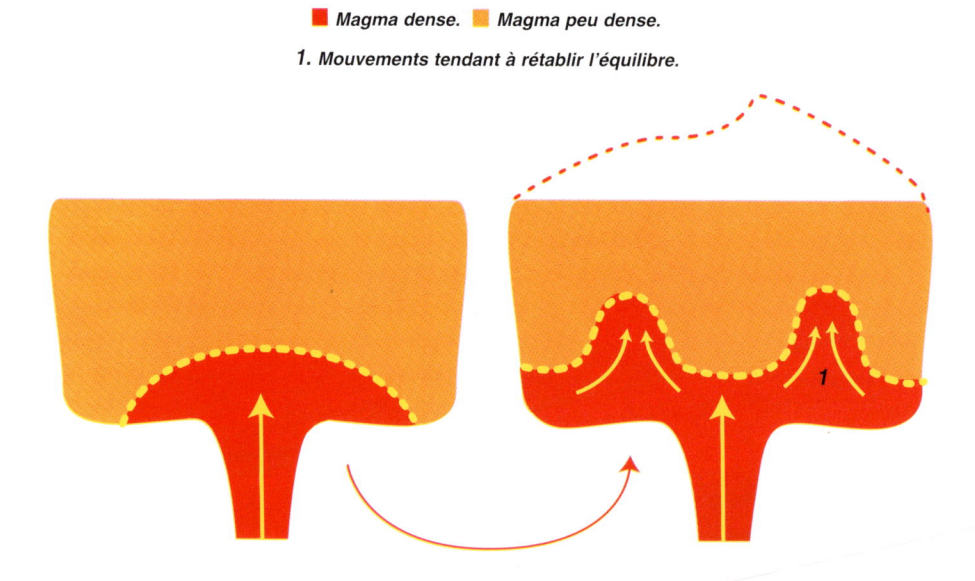

■ **Magma dense.** ■ **Magma peu dense.**
1. Mouvements tendant à rétablir l'équilibre.

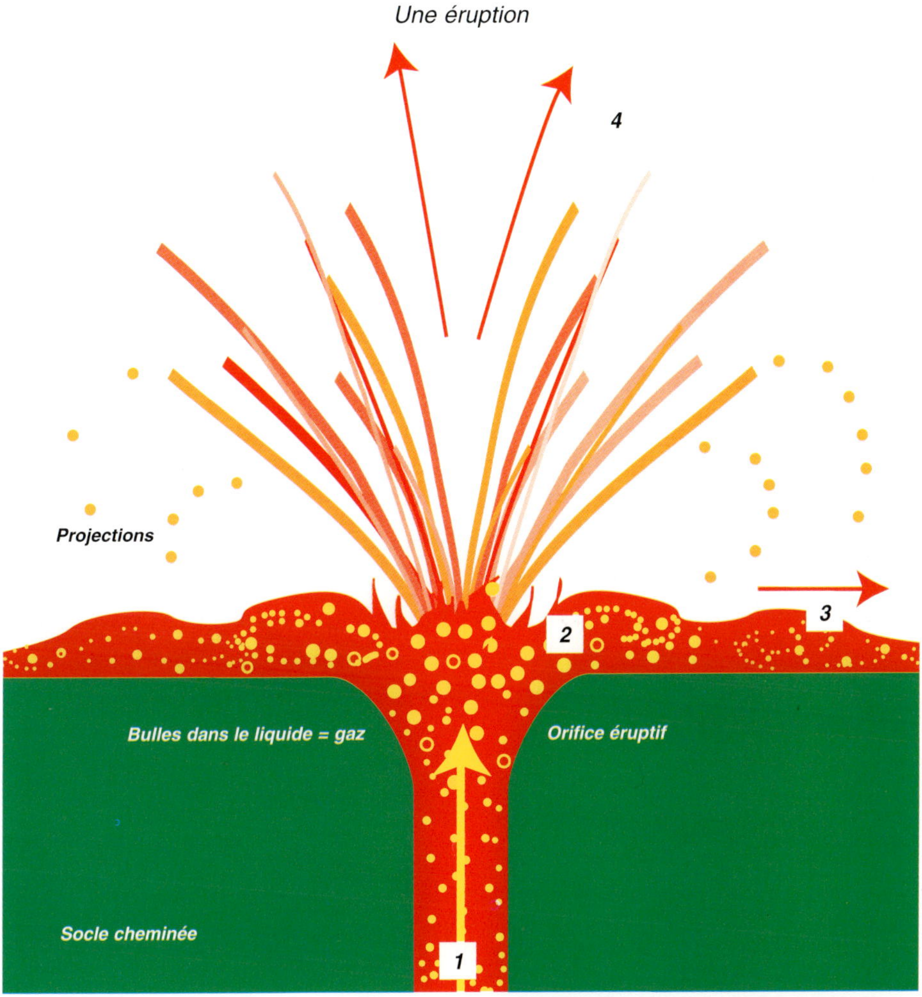

Une éruption

Projections

Bulles dans le liquide = gaz

Orifice éruptif

Socle cheminée

1 - Le magma monte dans la cheminée.
2 - Dans le magma, liquide et bulles de gaz se séparent.
3 - Epanchement du liquide (lave) = **activité effusive**.
4 - Expulsion des gaz = **activité explosive** avec entraînement des particules liquides par le gaz = **projections**.

UN PEU DE VOCABULAIRE...

Bien comprendre le volcanisme, c'est utiliser les bons mots, éviter les confusions qui sont dans beaucoup d'esprits...

Cheminée :
conduit ouvert dans le socle rocheux existant, par lequel le magma remonte de la chambre magmatique vers l'extérieur.

Orifice éruptif :
c'est le *trou* ouvert à la surface du socle, par lequel les produits de l'éruption sortent (on dit aussi bouche éruptive).

Eruption :
manifestation, entre deux périodes de repos de longue durée, au cours de laquelle sont expulsés les matériaux volcaniques.

Dynamisme éruptif :
caractérise le type de l'éruption, sa nature, sa puissance, la qualité des matériaux produits. A chaque dynamisme éruptif correspond une forme d'éruption particulière.

Volcan :
c'est le résultat au sol de l'accumulation des produits émis par les éruptions successives (on dit aussi édifice volcanique). Les volcans les plus simples sont constitués par l'accumulation des produits d'une série d'éruptions correspondant à un seul dynamisme éruptif. Les produits proviennent d'un seul orifice éruptif.

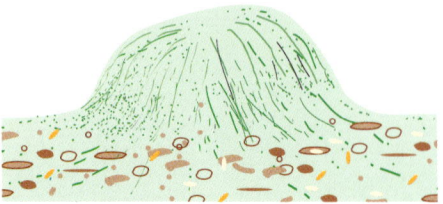

Un dôme simple.

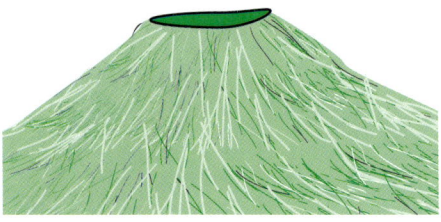

Un cône simple.

La plupart des volcans sont complexes : éruptions multiples, changement de dynamisme au cours de leur vie, existence de plusieurs orifices éruptifs.

Le puy de Barme a trois bouches éruptives.

Le puy de Dôme a vécu au moins quatre phases éruptives successives.

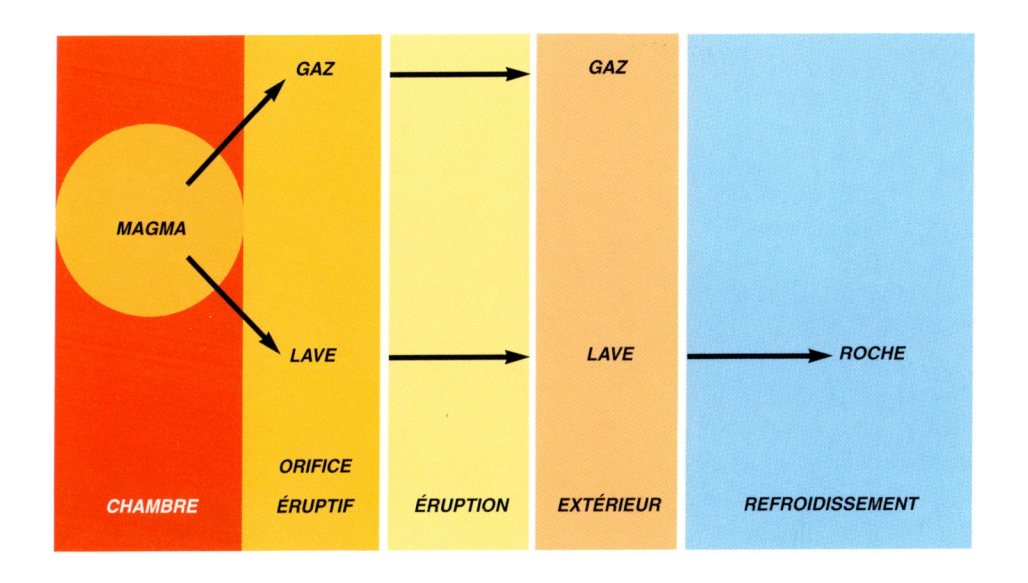

MAGMA → GAZ	→	GAZ		
MAGMA → LAVE	→	LAVE	→	ROCHE
CHAMBRE	ORIFICE ÉRUPTIF	ÉRUPTION	EXTÉRIEUR	REFROIDISSEMENT

DE LA LAVE À LA ROCHE

Les produits éruptifs ou **produits volcaniques** sont les matériaux émis à la surface par les éruptions.
Vous trouverez leur description au chapitre 6.
Ce sont :

▲ **Les gaz** : on les présentera peu ici car ils disparaissent très vite après les éruptions. On ne les retrouve qu'à l'état de trace dans les roches volcaniques ; par exemple, **les fumerolles** chargées de minéraux laissent des dépôts nommés dépôts fumerolliens, dont le plus connu est le soufre.

Volcan Teneguia, sur l'île de La Palma aux Canaries, dépôts fumerolliens.

Dépôt de soufre en volcanisme actif.

▲ Les laves qui s'écoulent ou s'épanchent.
▲ Les laves qui sont expulsées par explosion (projections).

Les laves émises au cours des éruptions prennent différentes formes : laves massives des coulées ou des dômes, projections de tailles variables : cendres fines, bombes, ponces...

Une fois solidifiée, la lave devient **une roche volcanique**. Les laves provenant de magmas de compositions chimiques variables vont également donner des roches différentes.

Aiguilles de soufre.

Attention ! Une même lave peut donner des produits très différents, même s'ils appartiennent à la même catégorie de roche.

Volcan strombolien, sur l'île de Lanzarote aux Canaries.

Scories rouges.

Scories noires.

Coulée de lave.

Grosse bombe.

Et pourtant, tous ces produits appartiennent à la même lave, le basalte !

LES PRINCIPALES ROCHES VOLCANIQUES EN FRANCE

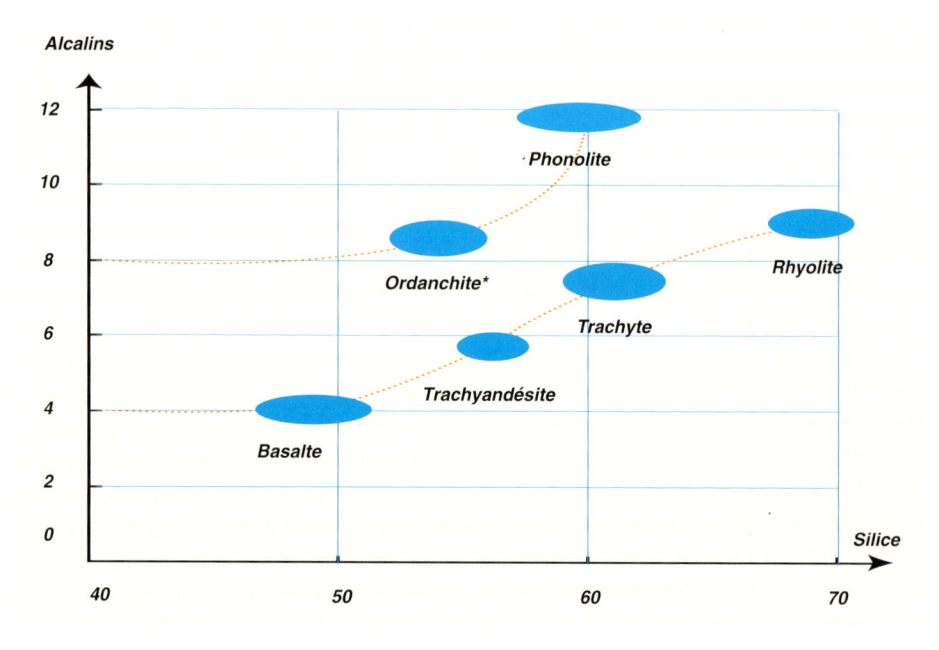

Schéma d'après D. Briot, La Dépêche scientifique du Parc des volcans, *n° 8/9, mars 1995.*
*Roche formant des coulées comme le basalte.

Afin de simplifier, on ne présentera là que les roches massives, sachant que chacune a son équivalent sous forme de produits d'explosion, plus difficiles à reconnaître sans une analyse plus fine. On classe les roches en fonction principalement de leur composition chimique : leur richesse en silice (SiO_2) et en minéraux alcalins, dont la base est le sodium et le potassium ($Na_2 + K_2O$).

ROCHES ISSUES DE LAVES FLUIDES
(Formant cônes, coulées, lacs de lave ou necks.)

Basalte
Roche massive, lourde, sans quartz, noire, très foncée avec des petits cristaux verts ou noirs ; minéraux visibles plus ou moins nombreux (olivine, pyroxène).

Trachyandésite sombre

(Ex. doréite et pierre de Volvic.)

Roche gris sombre, lourde, sans quartz, souvent légèrement bulleuse avec quelques cristaux blancs plus ou moins gros mais toujours < 1 cm (feldspath).

ROCHES ISSUES DE LAVES VISQUEUSES
(Formant dômes, pitons, necks*, dykes*, nappes de ponces.)

Trachyandésite clair

Roche gris clair à gris, plus ou moins lourde, sans quartz, avec de nombreux cristaux blancs, souvent très gros > 1cm (feldspath) et cristaux noirs allongés en baguette (amphibole).

Trachyte (dômite)

Roche plus ou moins lourde, sans quartz, très claire, blanc grisâtre, avec des petites paillettes noires (mica et feldspath, type sanidine).

Rhyolite

Roche gris clair à rose - cristaux de quartz sans forme précise, feldspath, mica noir.

Phonolite

Roche verdâtre à gris foncé, assez lourde, sans quartz, à toucher lisse, soyeux (sonorité métallique en dalles) ; quelques cristaux bleutés parfois (- d'1 mm, haüyne).

*Voir description page 73.

LES DYNAMISMES ÉRUPTIFS

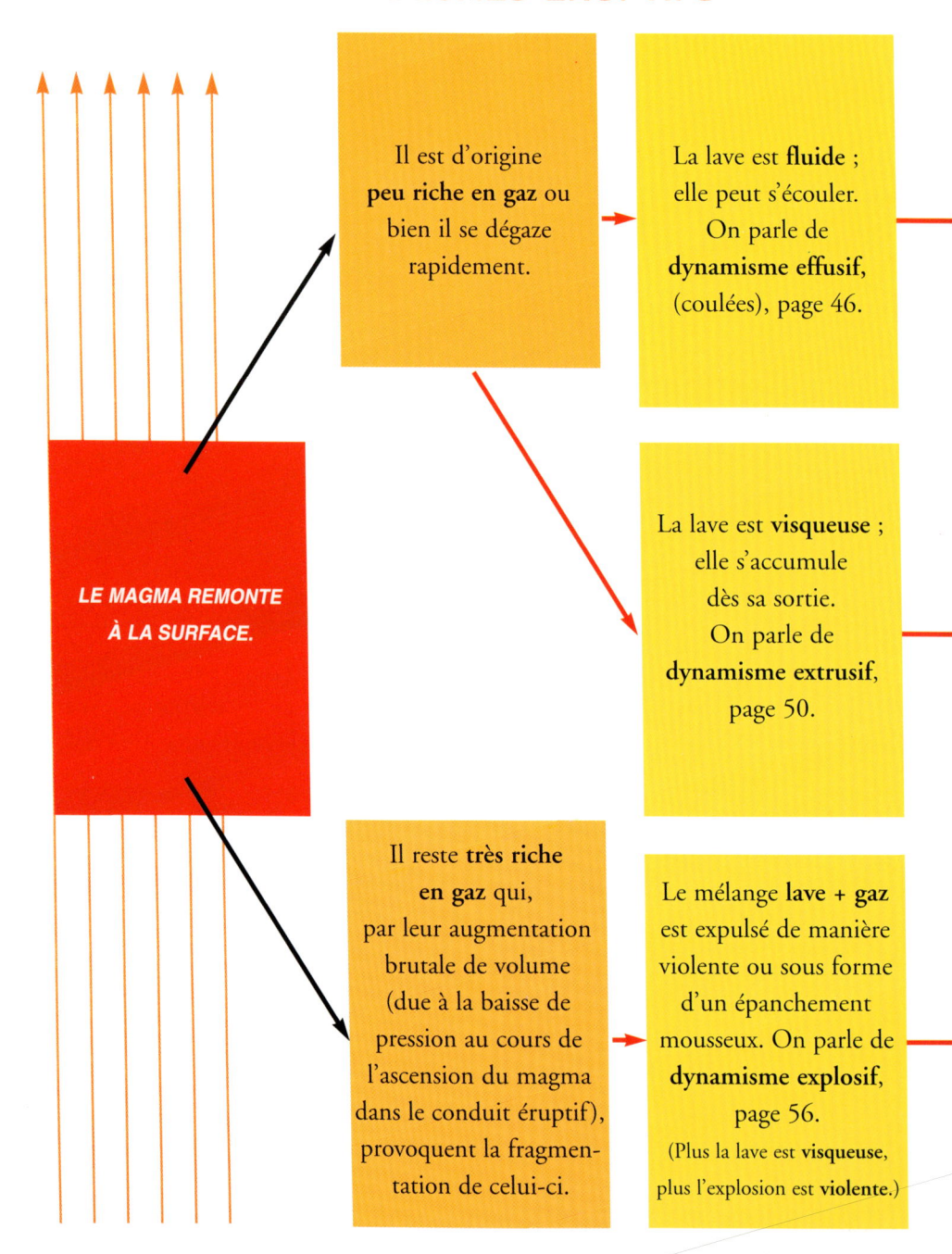

LE MAGMA REMONTE À LA SURFACE.

Il est d'origine **peu riche en gaz** ou bien il se dégaze rapidement.

→ La lave est **fluide** ; elle peut s'écouler. On parle de **dynamisme effusif,** (coulées), page 46.

La lave est **visqueuse** ; elle s'accumule dès sa sortie. On parle de **dynamisme extrusif**, page 50.

Il reste **très riche en gaz** qui, par leur augmentation brutale de volume (due à la baisse de pression au cours de l'ascension du magma dans le conduit éruptif), provoquent la fragmentation de celui-ci.

→ Le mélange **lave + gaz** est expulsé de manière violente ou sous forme d'un épanchement mousseux. On parle de **dynamisme explosif,** page 56.
(Plus la lave est **visqueuse**, plus l'explosion est **violente**.)

44

CHAPITRE 5

Les laves fluides (basalte, trachyandésite sombre), pauvres en silice peuvent s'écouler sur de longues distances.
Le Mayon aux Philippines.
Coulée de 1993.

Les laves visqueuses (sancyite, trachyte, rhyolite, phonolite), riches en silice, ne s'écoulent que faiblement ou pas du tout.
Dôme de la Soufrière à la Guadeloupe.

Eruption explosive au Stromboli en Sicile.

LES DYNAMISMES EFFUSIFS (LES COULÉES)

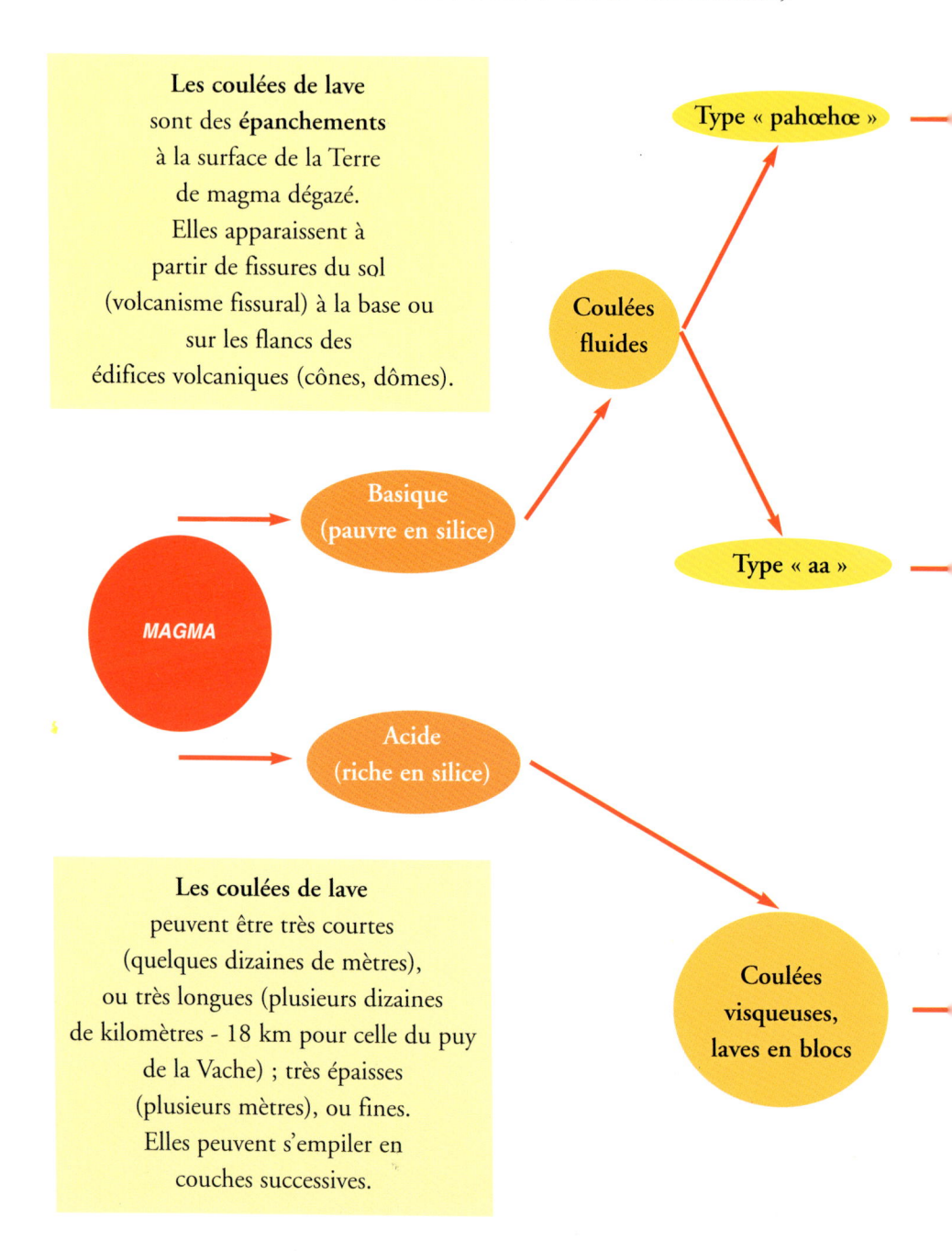

Les coulées de lave sont des **épanchements** à la surface de la Terre de magma dégazé. Elles apparaissent à partir de fissures du sol (volcanisme fissural) à la base ou sur les flancs des édifices volcaniques (cônes, dômes).

MAGMA

→ **Basique** (pauvre en silice) → **Coulées fluides** → Type « pahœhœ »
                                                      → Type « aa »

→ **Acide** (riche en silice) → **Coulées visqueuses, laves en blocs**

Les coulées de lave peuvent être très courtes (quelques dizaines de mètres), ou très longues (plusieurs dizaines de kilomètres - 18 km pour celle du puy de la Vache) ; très épaisses (plusieurs mètres), ou fines. Elles peuvent s'empiler en couches successives.

La surface est lisse, type chocolat fondu. Coulée aux îles Hawaî.

Les coulées de basalte des plateaux du Cézallier (volcanisme fissural).

La surface est chaotique et scoriacée. Elle se déplace en « tapis-roulant ».

La coulée de basalte du puy de la Vache. Chaîne des Puys.

La surface est un chaos de blocs anguleux. Le Mayon aux Philippines 1993.

Une coulée de trachyandésite du puy Mey dans la chaîne des Puys.

47

La forme des coulées de lave dépend étroitement de la topographie des lieux. Si elles s'écoulent dans le fond d'une vallée étroite (en l'obstruant et en perturbant le cours du ruisseau, comme c'est le cas à la périphérie de la chaîne des Puys : coulée du puy de la Vache dans la vallée de la Veyre, coulée du Tartaret et vallée de la Couze Chambon près de Murol), elles seront longues et étroites.
Si elles peuvent s'étaler longuement sur un relief plat, elles formeront de vastes plateaux plats, nommés **planèzes**. (Cézallier, Cantal, Aubrac.)

Le plateau rectiligne et étroit séparant les vallées de la Sioule et du Sioulot est une ancienne coulée de lave perchée, de 5 kilomètres de long et au maximum 500 mètres de large.

▶

Le plateau de Trizac est une des planèzes du Cantal, au nord-ouest du massif.

▲

Coulée de laves canalisée par un vallon. L'Etna en Sicile.

49

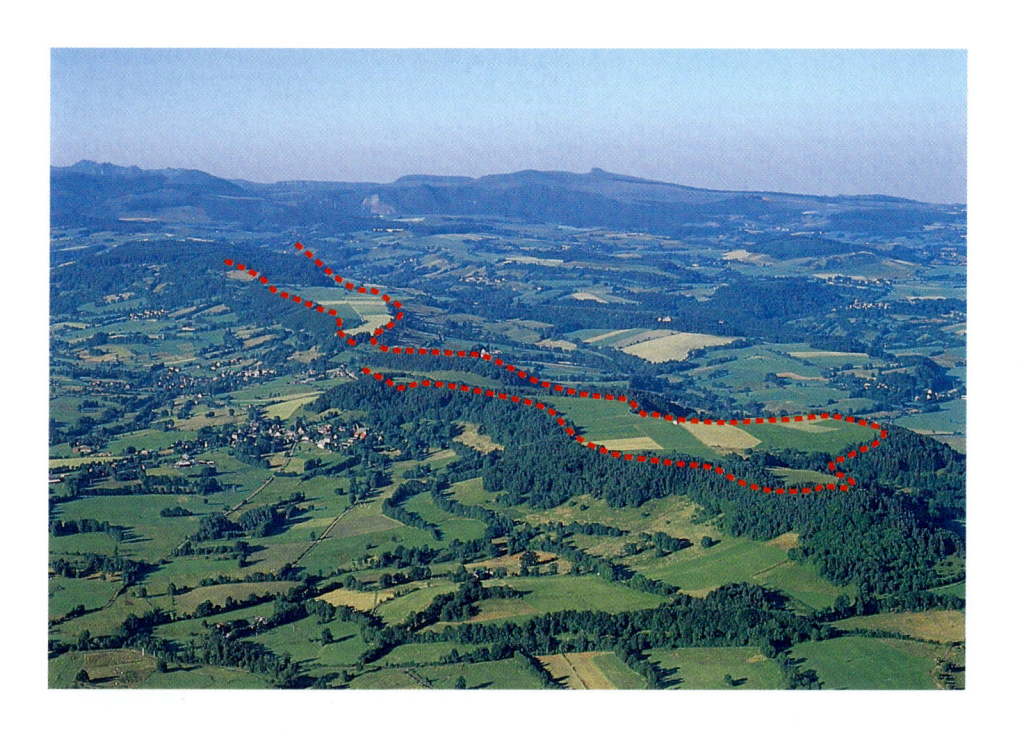

LES DYNAMISMES EXTRUSIFS
LES DÔMES - TYPE « PÉLÉEN »

Au pied de ces édifices, on trouve des talus de blocs rocheux plus ou moins importants, formés par l'éboulement de leurs bords souvent très abrupts.

La lave est très visqueuse car elle est riche en silice (plus de 55% à 70%).

▲ **TRACHYTE**
(dômite au puy de Dôme)

▲ **TRACHYANDÉSITE**
de couleur claire (sancyite des monts Dore)

▲ **PHONOLITE**
(la lave des protrusions)

▲ **RHYOLITE**
(quelques dômes dans les monts Dore)

Les roches Tuilière et Sanadoire encadrent une vallée glaciaire. Monts Dore, âge : 2 millions d'années.

A - La lave sort du sol comme un piston rigide déjà presque solidifié.
C'est une protrusion.

Le puy de Clerziou est un dôme presque parfait. Chaîne des Puys nord, âge voisin peut-être de 10 000 ans.

C - La lave s'accumule sur place sous forme d'un relief arrondi.
C'est un dôme.

Le puy de Paillaret s'est écoulé sur environ 1 200 mètres. Monts Dore, âge inférieur à 1 million d'années.

B - La lave s'accumule et s'écoule lentement sur une faible distance.
C'est un dôme-coulée.

Les volcans issus de dynamismes extrusifs sont fréquents dans le monde, mais toutefois plus rares que d'autres types. Ils apparaissent parfois au sein de volcans complexes et peuvent disparaître par explosion de façon cyclique. Le volcan du mont Saint-Helens aux Etats-Unis a fait beaucoup parler de lui en 1980. Après explosion cataclysmique, un dôme s'est édifié au cœur du volcan géant (photo ci-dessous). Les volcans extrusifs auvergnats appartiennent à des **dynamismes complexes** de ce type ou liés à une caldera (Cantal, monts Dore), ou bien sont des édifices isolés (chaîne des Puys, sucs du Velay). Dans la chaîne des Puys, les édifices sont isolés et bien individualisés. On connaît une protrusion élevée (puy Chopine), deux protrusions qui restent cachées (Vasset-Kilian) et quatre dômes (puy de Dôme, Grand Sarcoui, Clierzou, Petit Suchet).

Dôme du mont Saint-Helens.

La protrusion du puy Chopine au dernier plan s'est installée dans un cratère d'explosion (maar) qui a lui-même découpé, de façon circulaire, le puy des Gouttes, édifice strombolien antérieur dont il reste le versant sud au premier plan. Hauteur : 160 mètres, chaîne des Puys nord, âge : 8 500 ans.
Centre chaîne des Puys, hauteur : 500 mètres, âge : 10 000 ans.

Le puy de Dôme est un dôme complexe, explosé à l'est (voir le talus incliné) et percé d'une aiguille de lave en phase terminale, qui constitue la partie sommitale.

La plupart des sommets plus ou moins arrondis des monts du Cantal et des monts Dore sont des dômes. Certains ont gardé une forme bien ronde (puys de l'Ouire, Capucin, Tache, Angle dans les monts Dore, puy de la Tourte dans le Cantal). D'autres ont pris une forme pyramidale à la suite de l'érosion due à un glacier dont il formait le cirque (puys Ferrand et Sancy dans les monts Dore, puys Mary et Peyre-Arse dans le Cantal).

Le puy Mary, entaillé par les cirques glaciaires des vallées de Cheylade, Mandailles, Impradine et Falgoux. Hauteur : 500 mètres, altitude : 1 785 mètres. Monts du Cantal, âge : voisin de 6 millions d'années.

Le puy Ferrand à gauche est entaillé par le cirque glaciaire de Chaudefour. Hauteur : 450 mètres, altitude : 1 854 mètres. Monts Dore, âge : inférieur à 1 million d'années.

Le puy Griou et son voisin, le Griounou, sont des protrusions spectaculaires, éboulées en forme de cône renversé. Hauteur : 250 mètres, altitude : 1 690 mètres. Monts du Cantal, âge : environ 6 millions d'années.

Les protrusions composées de phonolite sont très abondantes dans le Velay et la Haute-Ardèche où elles représentent le dynamisme éruptif dominant. Elles sont plus rares ailleurs ; moins d'une dizaine dans le Cantal et les monts Dore.

Le suc de Gouleïou (Borée 07) est un des plus réguliers et impressionnants de la Haute-Ardèche.

LES DYNAMISMES EXPLOSIFS

Ils constituent ce qu'on appelle communément les éruptions. Ces explosions ne représentent (voir pages précédentes) qu'une partie de l'activité volcanique, la plus violente. Un magma peu riche en gaz et pauvre en silice conduit aux **éruptions** dites **basaltiques**.

Si le magma est très riche en gaz et en silice, on parlera d'**éruptions à magma différencié** (voir chapitre 3, page 32 et 33).

LES ÉRUPTIONS BASALTIQUES : « VOLCANISME STROMBOLIEN »

Les explosions sont faibles ou moyennes et répétitives. Elles projettent des paquets de lave bulleuse de dimension faible (cendres - lapillis) ou importante (bombes - blocs).

L'accumulation autour de la cheminée de ces produits nommés **scories**, aboutit à la formation d'un **cône** dont la forme dépend du déroulement des éruptions. La structure est meuble, sauf à proximité du point de sortie des laves où celles-ci peuvent se souder sous l'effet de la chaleur ou des émissions de fumerolles qui peuvent lier les scories entre elles.

Les explosions dégagent en permanence le point de sortie de la lave et laissent un entonnoir nommé **cratère**, souvent conservé après la fin des éruptions.

Le centre du cône est souvent rouge (oxydation du fer plus poussée près de la chaleur, +650 °C), les bords plutôt noirs.

Les cônes stromboliens ont constitué la forme la plus fréquente dans la chaîne des Puys (80 édifices).
Ici la forme régulière du cône interne du puy de Pariou, le plus profond cratère de ce type en Auvergne a comme profondeur : 100 mètres. Age : 8 200 ans.

La chaîne du Devès est un immense plateau parsemé de nombreux cônes stromboliens et de maars. Elle s'étire à l'ouest du Puy-en-Velay entre les vallées de l'Allier et de la Loire.
Age : entre 1 et 3 millions d'années.

L'érosion dégrade les cônes meubles. Dans les massifs les plus anciens (Cantal, Cézallier, monts Dore) seuls les édifices stromboliens d'âge très récent, issus d'une phase ultime assimilée à la chaîne des Puys, gardent une forme bien nette.
Ici le volcan de Montcineyre (Compains), âge : 6 000 ans.

Le puy de Côme est un cas particulier de cône strombolien double, dont la forme est due à deux phases distinctes, la deuxième ayant créé un cône plus petit à l'intérieur du premier.
Age : voisin de 8 000 ans.

Les puys de la Vache et de Lassolas sont deux volcans jumeaux issus d'une même cheminée éruptive divisée en deux branches. L'ouverture du cratère d'un côté (nommé égueulement) est due à l'effet de tapis roulant des coulées de lave simultanées aux éruptions, qui ont entraîné les scories sur elles, empêchant le cône de se construire de ce côté-ci. Age : 8 000 ans.

LES ÉRUPTIONS À MAGMA ACIDE

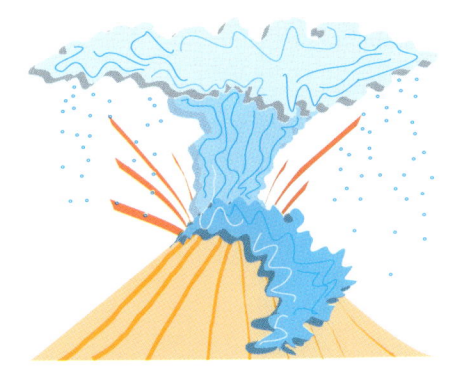

Les éruptions sont fortes ou même cataclysmales. Elles peuvent prendre la forme d'explosions expulsant, selon le type, des cendres, des scories, des ponces, ou bien des écoulements à l'horizontale de matériaux volcaniques. Les épanchements (nommés **écoulements pyroclastiques**) sont des coulées de cendres et de ponces, émises sous forme d'une émulsion mousseuse (style mousse à raser). Plusieurs types ont été distingués dans le monde par les scientifiques :

▲ **le type plinien** (du Vésuve - Italie) : expulsion verticale de fumées, de gaz et de ponces et écoulements de cendres et de ponces, pendant des périodes longues.

▲ **le type katmaïen** (du Katmaï-Alaska) : écoulement d'un mélange de cendres et de ponces en quantité phénoménale.

▲ **les nuées ardentes** : explosions des dômes de type péléen (voir page 50) lorsque des gaz accumulés se libèrent en provoquant un écoulement au pied du dôme, d'un mélange de cendres et de blocs.

▲ **le type vulcanien** (de Vulcano - Italie), caractérisé par des explosions courtes, violentes, verticales.

▲ **le type blast** (mont Saint-Helens - Etats-Unis) : effondrement latéral d'une partie du volcan, entraînant une avalanche cataclysmale.

Ces différents types se sont manifestés dans les volcans complexes (monts Dore et du Cantal).

Une carrière permet de pénétrer au cœur d'un dépôt de nuée ardentes du puy de Dôme. ▼

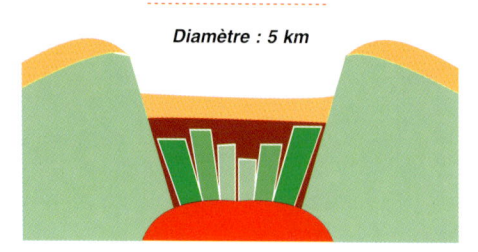

Diamètre : 5 km

Caldera des monts Dore

aux bords verticaux de plusieurs centaines de mètres de profondeur, que l'on nomme **caldera**.

Il y a 3,1 millions d'années, une éruption majeure (type katmaïen) disperse autour du centre éruptif (localisable vers la ville du Mont-Dore) des kilomètres cube de cendres et de ponces, sur une zone de 25 kilomètres de diamètre.
La vidange de la chambre magmatique provoque l'effondrement d'une cuvette

Carrière de Rochefort-Montagne.
L'épaisseur de la couche de cendres et de ponces est encore énorme : supérieure à 10 mètres à plus de 10 kilomètres du point d'émission des laves.

La forme arrondie du rebord de la vallée de la Dordogne correspond au rebord partiel de la caldera. Celle-ci a été remplie par un lac, puis par des produits d'éruptions ultérieures (projections, coulées) qui masquent la forme circulaire parfaite d'origine.

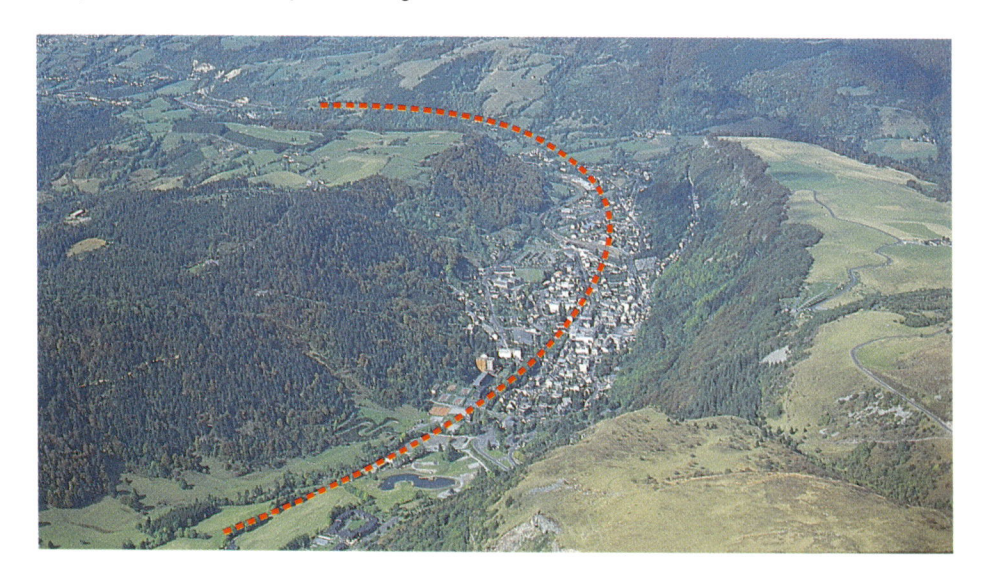

LES ÉRUPTIONS EN PRÉSENCE D'EAU, LES MAARS

Lorsqu'un magma (acide ou basique, peu importe) rencontre une masse d'eau en remontant (eau souterraine, lac ou cours d'eau), il échauffe et vaporise celle-ci, provoquant **des explosions très violentes et rapides**.

Les produits soulevés par les explosions sont à la fois des projections de laves et des morceaux de roches arrachés au sous-sol par la force des explosions. Les produits de retombée sont ainsi un mélange des deux.

Il en résulte un trou circulaire, nommé **maar**, partiellement rempli par les retombées des projections, où s'installe souvent un **lac**. Beaucoup de maars sont à peine visibles, car le lac a été comblé par la végétation ou encore par les dépôts d'un volcan.

L'anneau de projections qui encercle le cratère d'explosion (maar) permet d'en trouver l'origine.

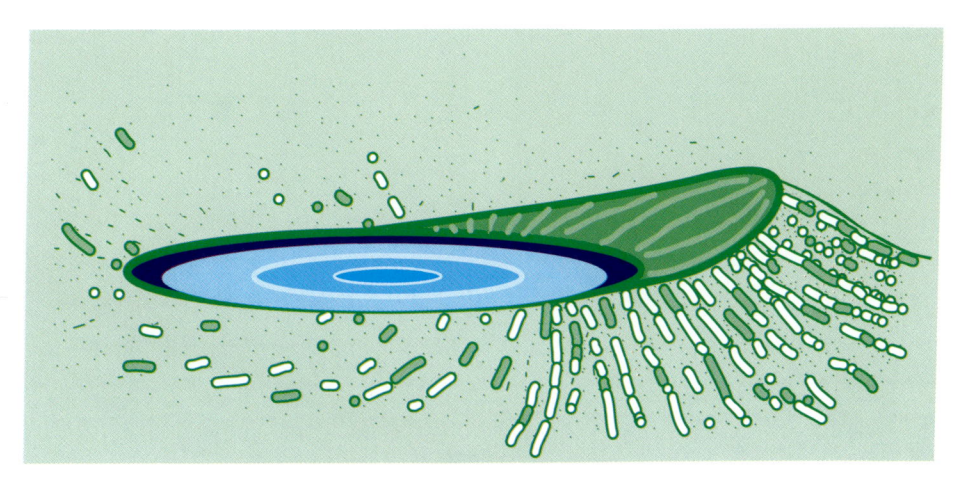

Les lacs de cratère auvergnats sont des maars. Comme ici le lac Pavin, les lacs Chauvet, de Tazenat, de la Godivelle, du Bouchet, de Saint-Front qui sont dus à des éruptions de ce type.

Le lac du Bouchet en Haute-Loire est aussi dû à une explosion violente de type maar.

Ces éruptions violentes et très localisées laissent un grand trou circulaire où l'eau peut s'installer.

La narse d'Espinasse est un maar dont le lac a été comblé par une tourbière. Le marais actuel caractérise la dernière phase du comblement. On aperçoit à gauche du marais le puy de l'Enfer, volcan strombolien qui préexistait et a qui a été découpé par l'explosion.

LES VOLCANS COMPLEXES

EXEMPLE DES PUYS DES GOUTTES ET CHOPINE

L'ensemble volcanique complexe des Gouttes (devant) et Chopine (pointu) au nord de la chaîne des Puys.

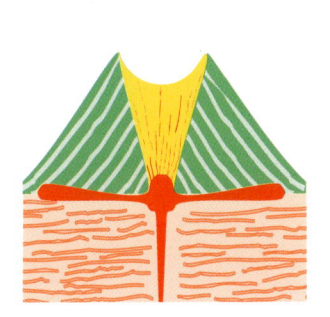

Phase 1 :
Edification du cône strombolien du puy des Gouttes (basalte).

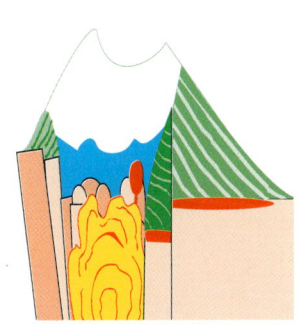

Phase 2 :
Arrivée d'eau puis d'un magma plus acide (trachyte) et explosion d'un maar.

Phase 3 :
Disparition de l'eau ; poussée d'une protrusion dans le maar (trachyte).

De nombreux volcans sont simples ; ils correspondent à un seul dynamisme comme par exemple un dôme simple, sans manifestation explosive (le Clierzou dans la chaîne des Puys).

Toutefois, ils associent souvent **deux dynamismes** : l'édification d'un appareil et l'émission de produits, projections ou laves. Exemples :

▲ Le puy du Grand Sarcoui :
dynamisme extrusif : le dôme
dynamisme explosif : la nuée ardente.

▲ Le puy de la Vache :
dynamisme explosif : le cône de scories
dynamisme effusif : les coulées de lave.

On trouve par ailleurs **des volcans où les phases successives se sont multipliées** dans le temps, soit avec le même dynamisme (cônes emboîtés du puy de Côme), soit avec des dynamismes différents d'une phase à l'autre (comme l'édifice Gouttes et Chopine qui a été strombolien, le puy des Gouttes, puis un maar, puis une protrusion).

Les volcans les plus complexes sont les **stratovolcans**. Ils sont souvent de grande dimension (jusqu'à 55 km de diamètre pour les monts du Cantal).

Constitués de l'empilement des produits de milliers d'éruptions durant plusieurs millions d'années, ils ont vécu des dynamismes très variés ; on trouve ainsi des coulées, des écoulements de cendres et ponces, des cônes, des dômes, des maars, caldera… dont l'observation peut être rendue difficile par les modifications profondes dues à l'érosion.

◀ *Les premières manifestations volcaniques des monts Dore datent de 20 millions d'années mais l'essentiel du massif est formé d'un stratovolcan vieux d'un peu plus de 3 millions d'années, marqué par plusieurs phases éruptives très différentes : volcanisme ponctuel, caldera, dynamismes explosifs, phases effusives... Il s'est éteint il y a seulement 230 000 ans.*

▲

Les monts du Cantal constituent le plus grand stratovolcan d'Europe.
Sa vie a été très longue, de 3 à 11 millions d'années. L'érosion glaciaire l'a profondément remanié vallées en « U » rayonnantes comme ici la vallée Santoire (Impradine).

Basalte homogène  *Basalte prismé*

Orgues de basalte de Saint-Flour. Les prismes sont perpendiculaires aux surfaces dites

Chapitre 6

LES PRODUITS DE L'ACTIVITÉ VOLCANIQUE

L'activité volcanique a pour conséquence l'émission puis l'empilement de couches successives de matériaux émis au cours des éruptions : **produits des épanchements de lave** (coulées, édifices, nappes de ponce…) et **produits des explosions** nommés **projections**. La reconnaissance de ces produits est indispensable à la compréhension des phénomènes éruptifs, en complément de l'observation des formes des volcans.

A - LES ÉPANCHEMENTS DE LAVE.

Qu'ils relèvent d'un dynamisme effusif ou extrusif (voir chapitre 5), les épanchements de laves conduisent à la formation de roches massives compactes dont l'allure finale peut varier fortement. Dans un grand nombre de cas, la lave, relativement homogène de la coulée, du dôme ou de la protrusion, donne une **roche assez homogène**, massive, compacte, sans forme apparente. Toutefois, dans certains cas, on peut voir apparaître des **prismes** que l'on appelle **orgues**. La photographie ci-contre montre une des formes que peut prendre une coulée prismée. La « fausse colonnade », qui est la partie supérieure, peut manquer. Une coupe dans une coulée de ce type peut apparaître en bord de falaise (érosion naturelle) ou lors de travaux (talus routier par exemple).

Certains dômes ou protrusions présentent aussi de telles orgues (exemples : puy de Sancy : dôme ; roches Tuilière et Sanadoire : protrusions ; sucs du Velay : protrusions).

" de refroidissement " (air libre, sol).

Orgues de Goudet dans les gorges de la Loire.

Orgues de sancyite du puy de Sancy.

B - LES COULÉES PARTICULIÈRES.

▲ Dans un certain nombre de cas, la lave perd son homogénéité. C'est le cas des **coulées de blocs** ou encore des **coulées à surface chaotique et scoriacée** (nommées **cheires** dans la chaîne des Puys, voir chapitre 5, page 47).

▲ Le cas des coulées de brèches. Ces formations, très particulières, ont été fréquentes dans les monts du Cantal. Elles représentent dans ce massif des quantités émises très importantes et bien visibles dans le paysage (falaises). Elles résultent d'un phénomène spécifique. En arrivant en haut de la cheminée du volcan ou juste après sa sortie, la lave se pulvérise progressivement. Il se produit alors un mélange de particules grossières et d'autres plus fines qui se ressoudent et constituent une roche d'allure hétérogène qui est nommée

Brèches dans la vallée de l'Aspre dans le Cantal.

« brèche » (composée donc d'éléments de basalte de tailles et de formes très variées). Dans les monts du Cantal, les brèches dures constituent des falaises ou promontoires impressionnants.

▲ **Le cas des coulées de ponces.** Nous avons vu chapitre 5 page 59 que, dans les éruptions de types plinien ou katmaïen, se mettaient en place des écoulements très particuliers, composés de cendres et de ponces. La formation des ponces est un phénomène très complexe où intervient la mise en place de bulles de gaz dans le magma, qui peuvent parfois s'étirer pour constituer des **tubes**. La quantité importante de gaz composant ces tubes explique la légèreté de cette roche.

Ponce fibreuse avec ses " tubes ".

▲ **Le cas des coulées de boue** (nommées aussi « **lahars** »). Les fortes pluies et la fonte des glaces couvrant un volcan en éruption peuvent entraîner dans les vallées de grosses quantités de produits volcaniques et former des coulées de boue.

C - LES PROJECTIONS.

Elles proviennent des manifestations volcaniques de type explosif.

Les gaz, abondants dans le magma, servent de propulseurs aux explosions, mais une partie de ceux-ci reste piégée dans les roches et leur donne souvent un aspect bulleux et une densité faible. Trois critères permettent de classer ces projections.

▲ **L'aspect** : bulleuses et irrégulières, on les nomme **scories**, fibreuses comme un amas de tubes, ce sont des **ponces**.

▲ **La taille** : les particules fines qui peuvent s'élever haut dans l'atmosphère et retomber plus ou moins loin du volcan, se nomment **cendres** (diamètre inférieur à 2 mm) ; les éléments de grande taille s'appellent des **blocs**.
Entre les deux on parle de **lapillis** (de 2 à 20 mm de diamètre) et de **scories** (20 à 64 mm).

▲ **La forme** : certains paquets de lave prennent des formes très particulières : **les bombes** : expulsées en tournoyant, elles seront en fuseau (ou bouton de rose).

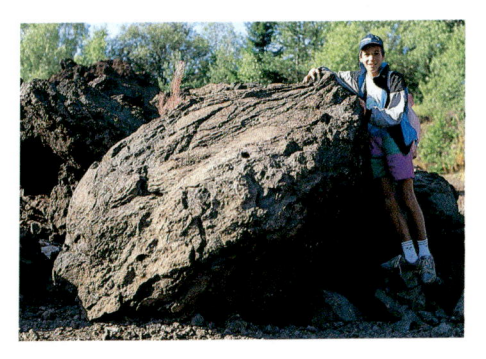

Bombe fuseau.

Bombe en croûte de pain.

Le phénomène de trempage (contact lave-eau) produit des bombes « en chou-fleur » ou en « croûte de pain ».

Les retombées de projections au sol constituent par leur accumulation l'édifice volcanique : **le cône**.

Les carrières ou travaux divers permettent l'observation de ces empilements de couches qui correspondent aux successions de phases explosives.
Ces couches sont inclinées du centre vers l'extérieur du cône. Leur épaisseur est proportionnelle à l'intensité de l'éruption. Les éléments de grande taille ont tendance à rouler vers la base.

Par ailleurs, on observe souvent à la périphérie du volcan des dépôts de cendres fines répandues jusqu'à plusieurs kilomètres du cratère : on nomme cette manifestation un **saupoudrage**.
On retrouve ainsi, à plusieurs centaines de mètres du puy de la Vache, une couche de plus d'un mètre de cendres fines et noires.

Carrière de pouzzolane.

La Dent de la Rancune est un dyke. Vallée de Chaudefour, monts Dore. Hauteur : environ 100 mètres

CHAPITRE 7

LES VOLCANS ET LE RELIEF

Selon leur âge, les volcans ont plus ou moins bien gardé leur forme primitive, celle qu'ils avaient après la fin des éruptions. Les plus récents (chaîne des Puys, volcans disséminés au sud des monts Dore) ont moins de 10 000 ans, c'est-à-dire qu'ils sont nés après la fin de la dernière période glaciaire. Ainsi, ils n'ont pas été affectés par l'érosion glaciaire, ce qui explique (avec leur jeune âge) la grande fraîcheur de leur forme. Au contraire, les vieux massifs (Velay, Dore, Cézallier, Cantal, Aubrac) ont un âge de plusieurs milliers ou millions d'années. Ils ont donc subi **de multiples phases d'érosion dues aux eaux de ruissellement ou aux glaciers**. Il s'en est suivi de profondes modifications de la morphologie des reliefs :

▲ **Quasi-disparition des édifices volcaniques composés de matériaux meubles** (cônes de scories), ne laissant souvent en saillie que les anciennes cheminées de ces volcans (**necks**) ou des filons de lave injectés dans des roches friables évacuées par l'érosion (**dykes**).

▲ **Évacuation massive** par l'érosion des grandes quantités de cendres et de ponces qui ont constitué les phases paroxysmales des stratovolcans monts Dore et Cantal. On ne les retrouve aujourd'hui que protégées sous les coulées de lave.

En conséquence, ces coulées de lave, beaucoup plus dures que les matériaux environnants ainsi évacués, **se sont** retrouvées en relief, formant des plateaux rectilignes (phénomènes d'**inversion de relief**).

Au moment des éruptions.

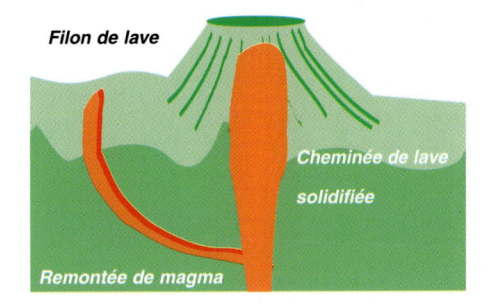

Après érosion.

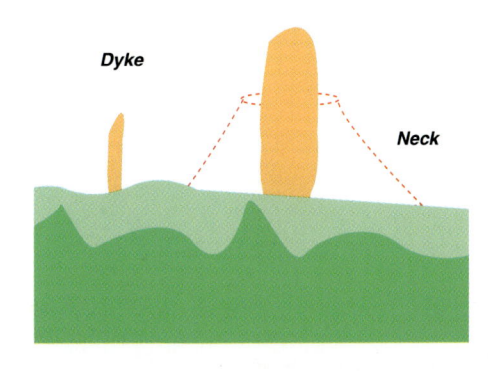

Écoulement de lave dans une vallée.

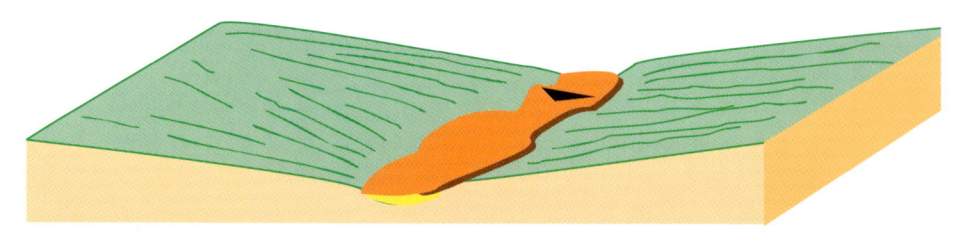

La coulée forme une « table » (plateau allongé) et se retrouve en relief.

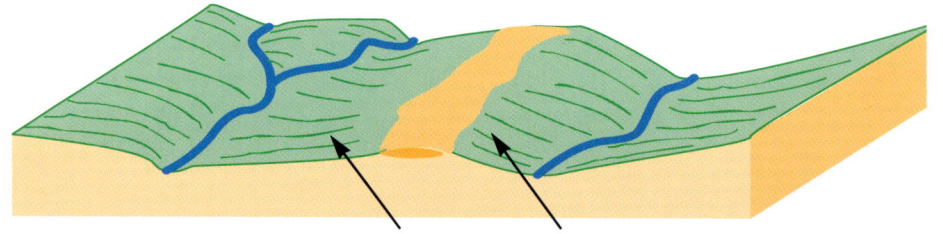

Matériaux plus fragiles dégagés par l'érosion.

La montagne de la Serre est une coulée de lave qui s'est retrouvée en position élevée à la suite d'un tel phénomène d'inversion de relief.

74

Le cirque de Chamalières (versant est du Plomb du Cantal) au premier plan, et la vallée de l'Epi ont été modelés par l'érosion glaciaire...

ainsi que la magnifique vallée de Brezons.

Le lac d'Aydat - Barrage par la coulée des puys de la Vache et de Lassolas (couverte de forêts à gauche).

Lac de Montcineyre - Barrage par le volcan de Montcineyre.

Chapitre 8

Les volcans et l'eau

Les volcans représentent un des phénomènes géologiques les plus rapides. Ils modifient profondément la physionomie des reliefs en apportant de grandes quantités de matériaux. Des cônes de scories ou des dômes se dressent ; des coulées dévalent les vallées et les obstruent largement ; des éruptions violentes, à l'origine des maars ou des calderas, provoquent la formation de cuvettes circulaires.

Inévitablement, la circulation des eaux s'en trouve fortement perturbée et le **réseau hydrographique** est entièrement redéfini. Observons ces modifications :

A - LES LACS DE BARRAGE VOLCANIQUE.

Une coulée de lave ou un édifice volcanique peut s'installer au milieu d'une vallée et ainsi stopper sa circulation pour former un lac. L'eau s'échappe alors très lentement sous la coulée ou le volcan.

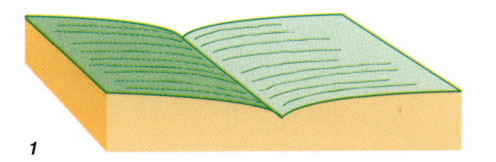

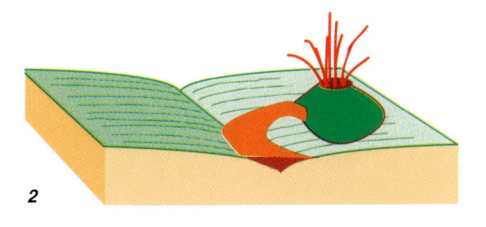

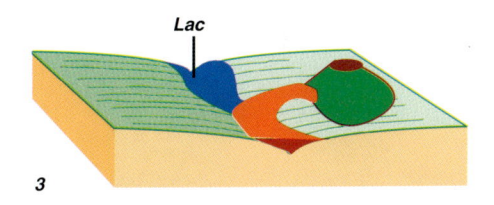

B - LES LACS DE CRATÈRE.

Le lac de Chauvet s'est installé dans le cratère d'un maar, grâce à l'imperméabilisation du fond par les particules fines retombées à la suite des explosions.

Les lacs de la Godivelle, de Pavin, de Servières, du Bouchet, Saint-Front et Issarlès ont la même origine.

C - LES CASCADES.

Les rebords de certaines coulées de lave très dure, par le jeu de l'érosion à l'aval, se retrouvent parfois situés en relief et peuvent créer **une marche** sur le trajet d'un cours d'eau.

La plupart des cascades en zone volcanique sont dues à ce phénomène.

Le lac Chauvet, cratère de maar.

La cascade des Salins près de Mauriac.

D - LES EAUX SOUS-VOLCANIQUES.

Les matériaux volcaniques sont très **perméables** à l'eau ; celle-ci traverse les couches successives, lentement s'il s'agit de couches épaisses de scories ou cendres, rapidement s'il s'agit de coulées de lave. La conséquence en est la faible présence d'eau courante dans de nombreux secteurs ; elle est quasiment nulle dans la partie centrale de la chaîne des Puys. **Les eaux s'infiltrent** et circulent au sein d'un **réseau souterrain** qui réapparaît sous forme de **sources** à la périphérie des régions volcaniques. On trouve aussi des circulations d'eau entre les couches multiples des stratovolcans.

On a pu découvrir que les eaux empruntent souvent d'anciennes vallées du plateau ancien recouvert par les matériaux volcaniques. On peut reconstituer le **bassin versant souterrain d'une source**, c'est-à-dire toute la zone géographique d'où proviennent les eaux qui l'alimentent.

Les eaux thermales ou **thermominérales** ne sont pas liées spécifiquement au volcanisme. Elles trouvent simplement une source de chaleur profonde pour se réchauffer et des réseaux de fissures profondes (rebord de la caldera par exemple) pour leur permettre d'atteindre la surface (La Bourboule, Le Mont-Dore, Chaudefour).

Les autres sources thermales ne sont pas liées à des zones volcaniques mais à des failles (Saint-Nectaire, Châtel-Guyon, Royat, Chaudes-Aigues).

Bassin versant des sources de Volvic et Argnat.

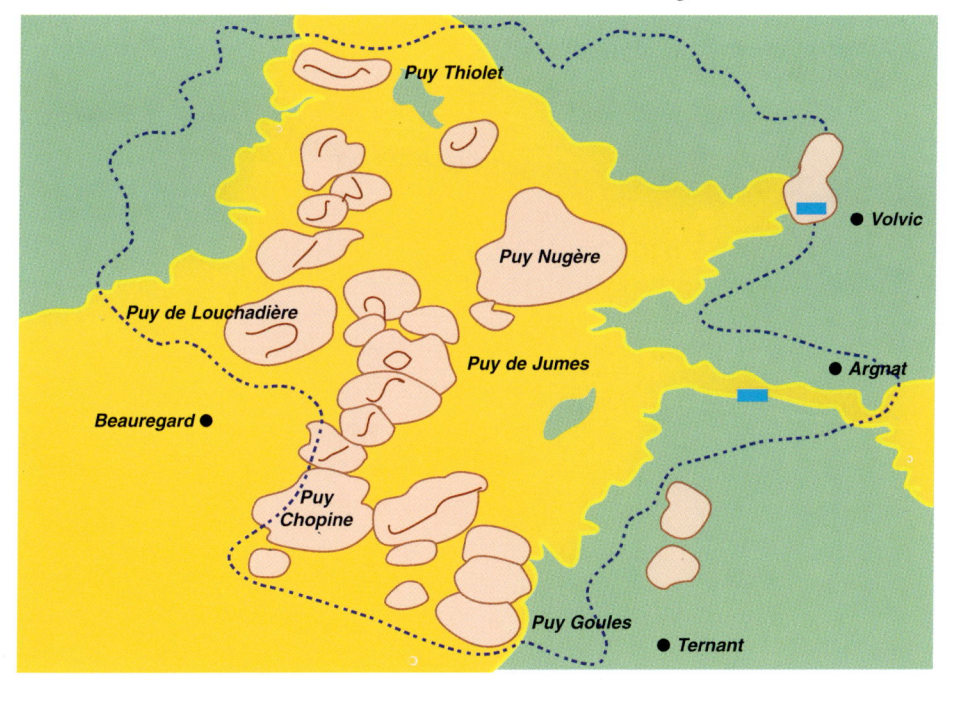

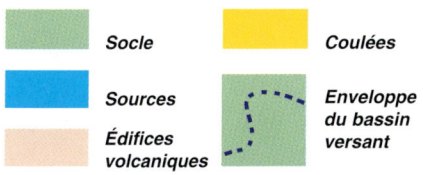

Délimitation de « l'enveloppe » du bassin versant des sources de Volvic et Argnat : toutes les eaux tombant sur ce périmètre s'infiltrent et alimentent en souterrain ces sources.

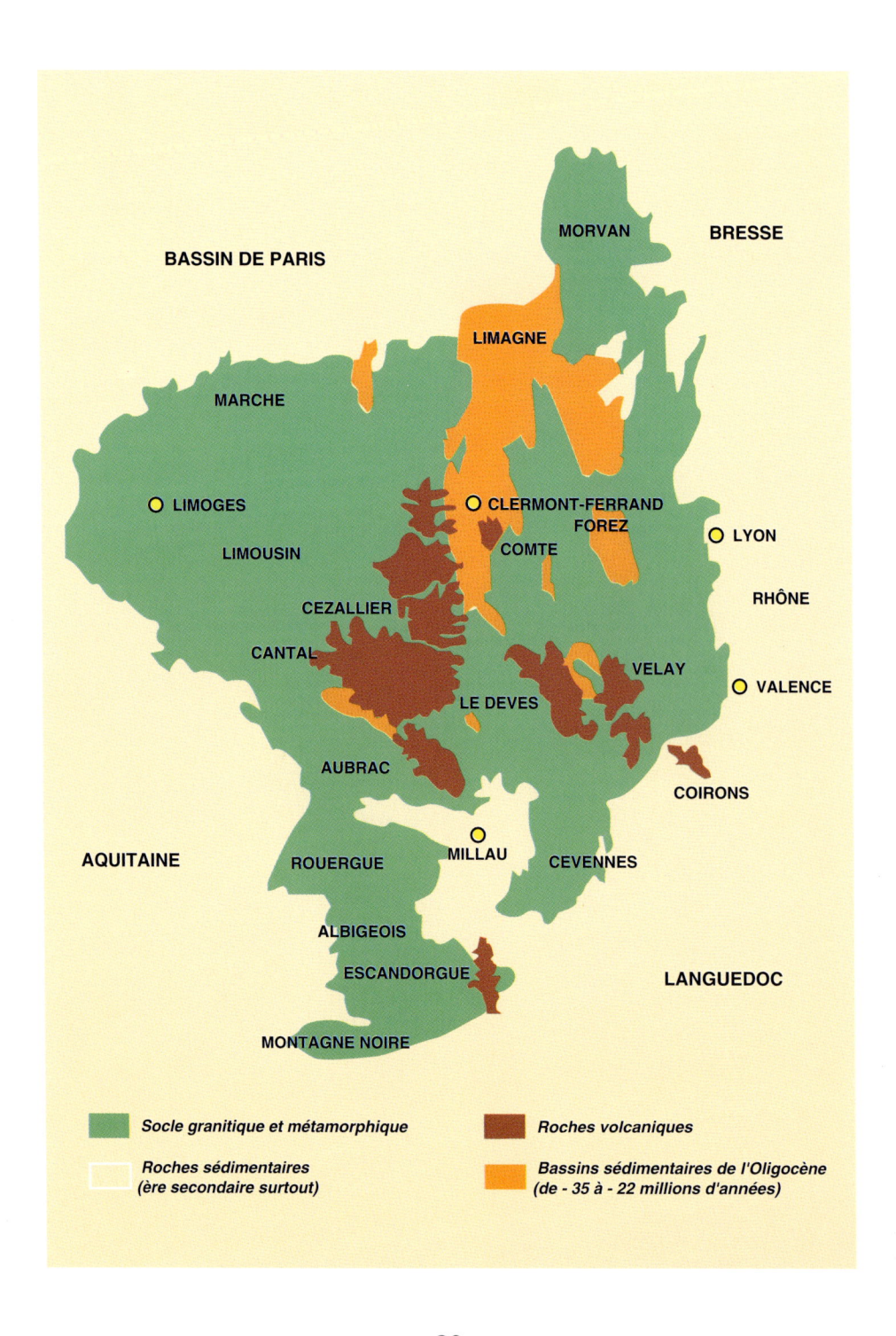

Massif Central

BASSIN DE PARIS	MORVAN / BRESSE
MARCHE	LIMAGNE
○ LIMOGES	○ CLERMONT-FERRAND
LIMOUSIN	FOREZ
	COMTE ○ LYON
CEZALLIER	RHÔNE
CANTAL	VELAY
	LE DEVES ○ VALENCE
AUBRAC	COIRONS
AQUITAINE	○ MILLAU
ROUERGUE	CEVENNES
ALBIGEOIS	
ESCANDORGUE	LANGUEDOC
MONTAGNE NOIRE	

Légende :
- Socle granitique et métamorphique
- Roches sédimentaires (ère secondaire surtout)
- Roches volcaniques
- Bassins sédimentaires de l'Oligocène (de - 35 à - 22 millions d'années)

80

Chapitre 9

Où y a-t-il des volcans en France ?

S'il est possible de trouver des roches volcaniques très anciennes disséminées ça et là, l'essentiel du volcanisme en France est situé au cœur du Massif central (Puy-de-Dôme, Cantal, Lozère, Haute-Loire, Ardèche). Un chapelet de pointements volcaniques s'étend des Causses à la montagne Noire et au Cap d'Agde en Méditerranée. On peut localiser schématiquement les régions volcaniques au moyen des coupes ci-dessous :

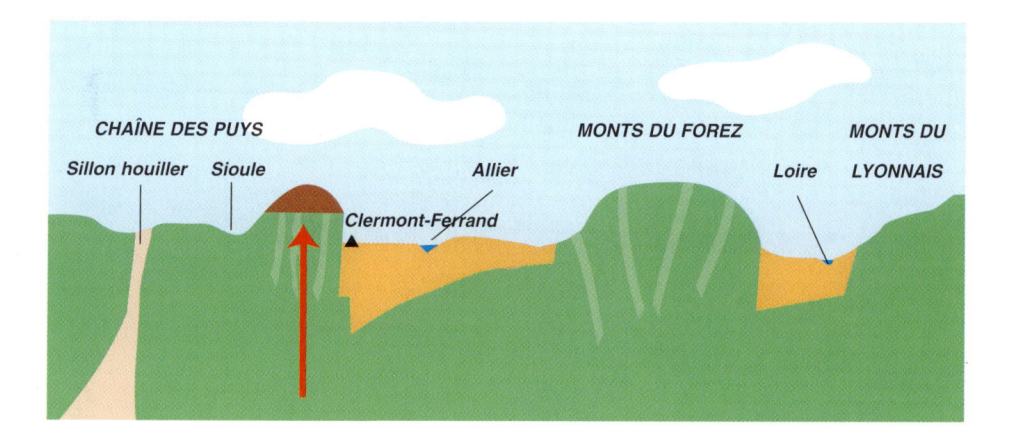

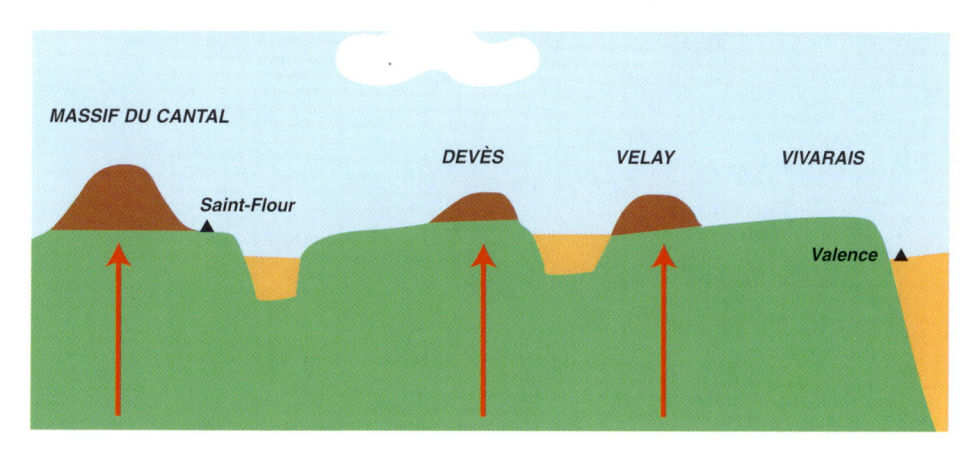

Examinons maintenant les principaux massifs volcaniques.

LA CHAÎNE DES PUYS

La chaîne des Puys aligne une centaine de volcans du nord au sud, entre le Gour de Tazenat et le puy de Monténard. Les reliefs sont presque intacts, à peine touchés par l'érosion. On dénombre quatre types de volcans :

▲ **quatre dômes** constitués de lave massive (trachyte nommé localement dômite) : Grand Sarcoui, Clierzou, Petit Suchet et puy de Dôme.

▲ **trois protrusions** : Chopine, Vasset et Kilian, constituées de la même roche que les dômes. Leur ascension a été précédée par l'ouverture violente de grands cratères de maars.

▲ **Environ quatre-vingts volcans** sont des **cônes de scories** (type strombolien) accompagnés de **coulées de lave** constituées de basalte (la Vache, Lassolas et Côme) ou de trachyandésite (Pariou, la Nugère).

Certaines d'entre elles ont emprunté des vallées et barré des affluents, créant ainsi des lacs de barrage naturels (lacs de la Cassière et d'Aydat créés par le barrage de la Veyre par les coulées des puys de la Vache et de Lassolas).

▲ **Une quinzaine de maars** dont les plus connus sont ceux du Gour de Tazenat (lac de 700 mètres de diamètre et 65 mètres de profondeur), de Beaunit et d'Espinasse (dont les lacs ont été comblés par les sédiments et la végétation). Les autres sont très peu visibles.

Les premières manifestations commencent vers -70 000 ans, par un climat froid. A partir de -10 000 ans le climat se réchauffe et vers -9 000 se produit la phase la plus violente de l'explosion des maars où s'installent les trois protrusions dont les projections de cendres recouvrent une grande partie de la chaîne. Enfin, entre -8 500 et -8 000 apparaissent les cratères les plus célèbres : Côme, Pariou, la Vache et Lassolas.

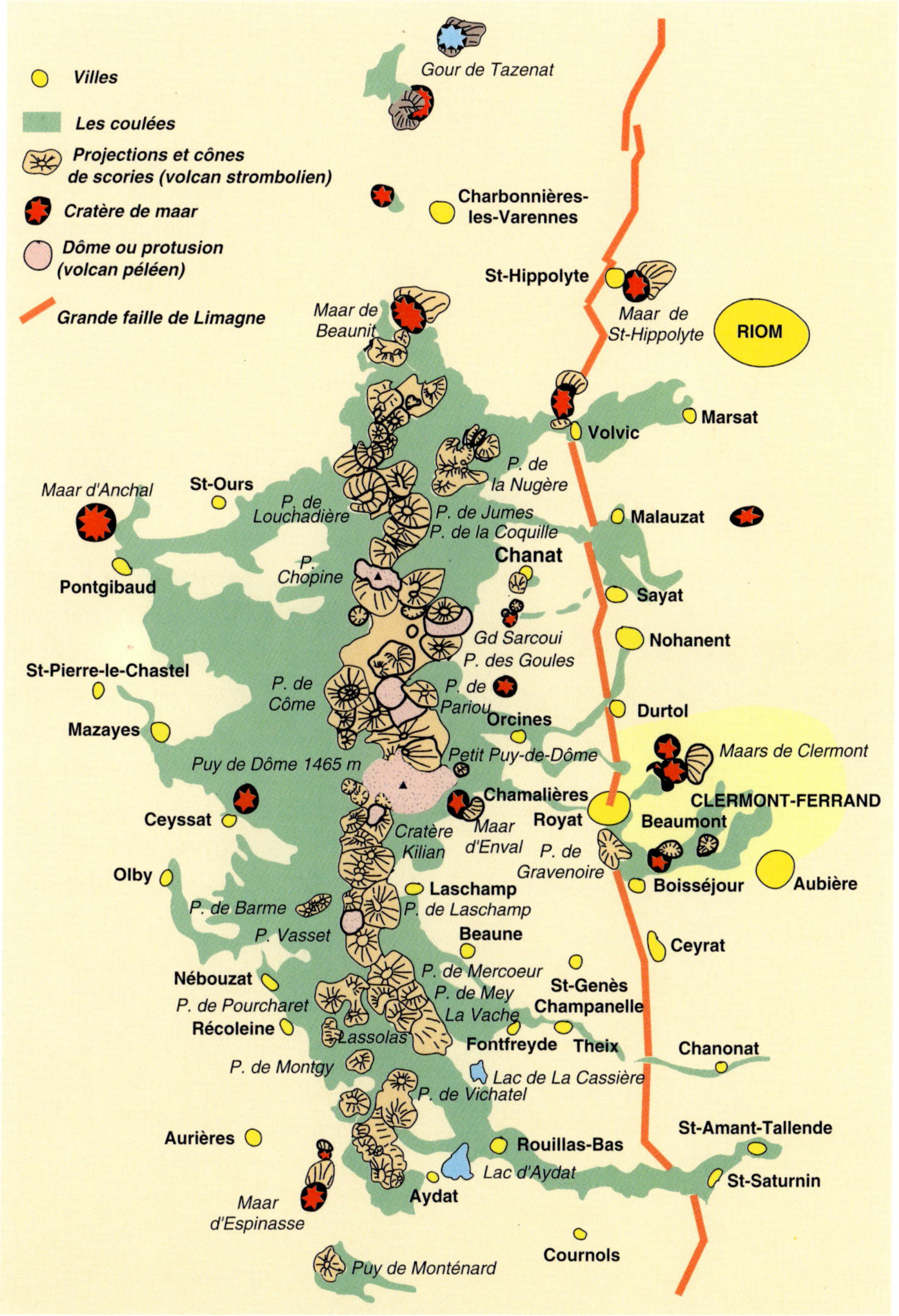
Villes
Les coulées
Projections et cônes de scories (volcan strombolien)
Cratère de maar
Dôme ou protusion (volcan péléen)
Grande faille de Limagne
Gour de Tazenat
Charbonnières-les-Varennes
St-Hippolyte
Maar de St-Hippolyte
RIOM
Maar de Beaunit
Volvic
Marsat
P. de la Nugère
Maar d'Anchal
St-Ours
P. de Louchadière
P. de Jumes
P. de la Coquille
Malauzat
Chanat
Pontgibaud
P. Chopine
Sayat
Gd Sarcoui
Nohanent
P. des Goules
St-Pierre-le-Chastel
P. de Côme
P. de Pariou
Durtol
Orcines
Mazayes
Petit Puy-de-Dôme
Maars de Clermont
Puy de Dôme 1465 m
Chamalières
CLERMONT-FERRAND
Ceyssat
Royat
Beaumont
Cratère Kilian
Maar d'Enval
P. de Gravenoire
Olby
Boisséjour
Aubière
Laschamp
P. de Barme
P. de Laschamp
P. Vasset
Beaune
Ceyrat
P. de Mercoeur
Nébouzat
P. de Mey
St-Genès Champanelle
P. de Pourcharet
La Vache
Récoleine
Lassolas
Fontfreyde
Theix
Chanonat
P. de Montgy
Lac de La Cassière
P. de Vichatel
St-Amant-Tallende
Aurières
Rouillas-Bas
Lac d'Aydat
St-Saturnin
Aydat
Maar d'Espinasse
Cournols
Puy de Monténard

LES MONTS DORE

C'est un stratovolcan de 600 km^2, très complexe. Il s'étale sur 30 km du nord au sud, 20 km d'est en ouest et culmine au Sancy (1 884 m). Il est entaillé par plusieurs cirques glaciaires (Chaudefour, Fontaine Salée, Haute-Dordogne et vallées nord du Guéry). Il est constitué en majeure partie de produits des explosions, de dômes et de coulées.

▲ **Phase 1** : le volcanisme ancien
Il apparaît vers -20 millions d'années : coulées de basalte, lacs de lave, jusque vers -7 millions.

▲ **Phase 2** : le volcanisme antérieur à la caldera
Un premier stratovolcan apparaît il y a 4 millions d'années autour du massif du puy de l'Aiguiller (émission de ponces).

▲ **Phase 3** : la caldera
Le paroxysme se produit à -3,1 millions d'années : c'est la « grande nappe de ponces », écoulements émis par des fissures que l'on peut localiser au niveau actuel de La Bourboule, Le Mont-Dore. On les retrouve jusqu'à Tauves, Olby et près d'Issoire, soit une zone de destruction totale de 25 kilomètres de diamètre. Il s'ensuit l'effondrement de la « caldera de Haute-Dordogne », profonde de 250 mètres. Tout autour de la dépression se manifestent alors des éruptions de ponces, la mise en place de dômes et de filons (dykes).

▲ **Phase 4** : le volcanisme postérieur à la caldera.
Vers 2 millions d'années apparaissent des protrusions de phonolite telles que les roches Tuilière et Sanadoire.
Entre -2 et -1,5 millions d'années des dômes, dômes-coulées, coulées et éruptions de ponces caractérisent les deux stratovolcans Mont-Dore et Aiguiller. C'est aussi l'époque des grandes coulées de boue (lahars) qui se sont répandues jusque près d'Issoire.

▲ **Phase 5** : le volcan « Sancy »
Tandis que le nord du massif s'apaise, naît plus au sud le stratovolcan Sancy, élevé entre -1 et -0,25 millions d'années. Son activité commence par des coulées de ponces et des coulées de boue. Une nouvelle caldera s'effondre sous l'emplacement actuel du Sancy, comblée progressivement par des dômes et des coulées de doréite. Les projections seront dégagées par l'érosion, laissant apparaître des dykes spectaculaires (Crête de Coq et Dent de la Rancune à Chaudefour). Au sud et à l'est du massif, des volcans répandent des coulées de basalte.
Beaucoup plus près de nous, plusieurs volcans ponctuels apparaissent : puys de Tartaret, Vivanson, et les lacs de cratère de Servières, ainsi que Chauvet et Pavin à peine vieux de 6 000 ans, époque des derniers soubresauts volcaniques en France.

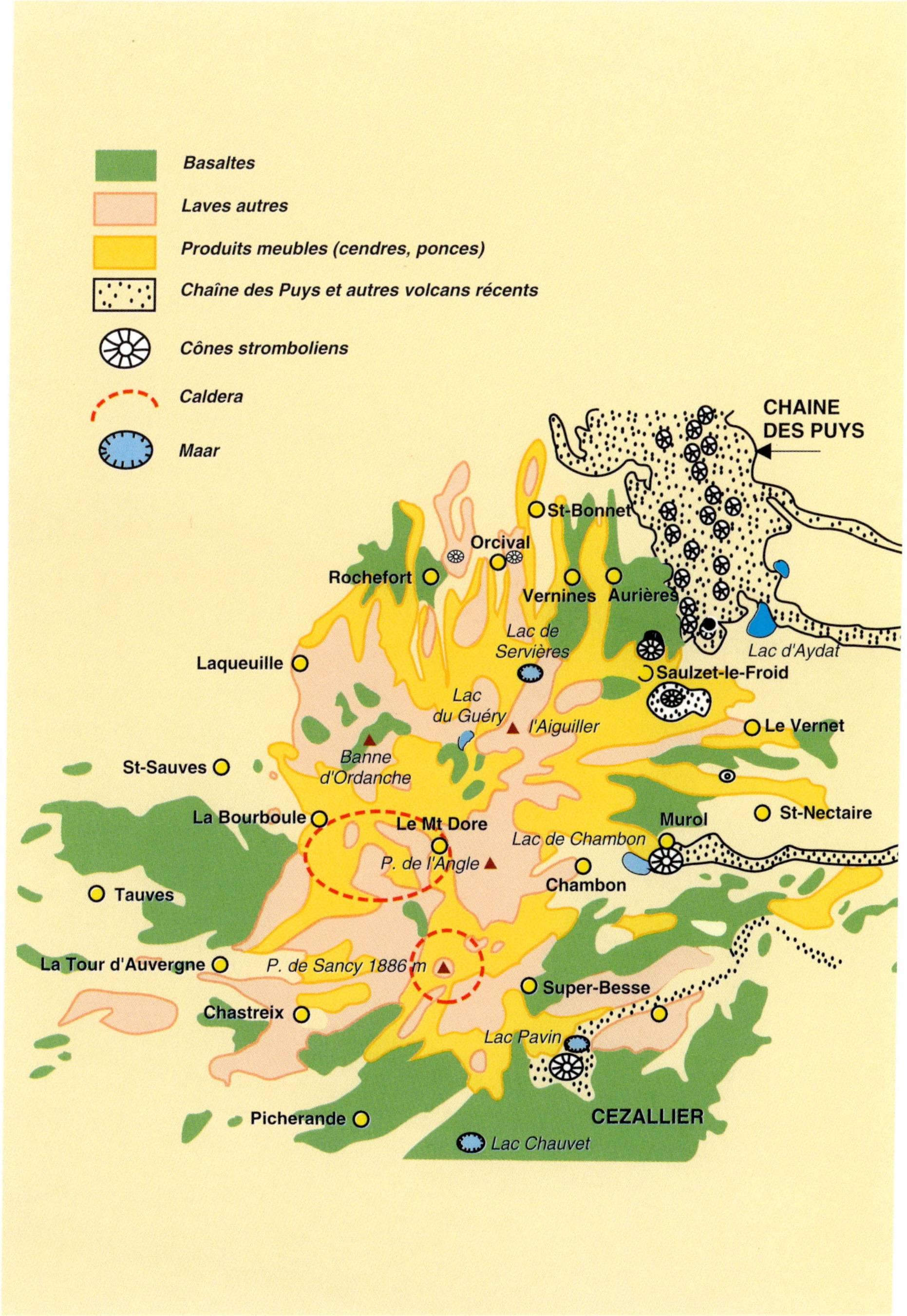
Basaltes
Laves autres
Produits meubles (cendres, ponces)
Chaîne des Puys et autres volcans récents
Cônes stromboliens
Caldera
Maar
CHAINE DES PUYS
St-Bonnet
Orcival
Rochefort
Vernines
Aurières
Lac de Servières
Lac d'Aydat
Laqueuille
Saulzet-le-Froid
Lac du Guéry
l'Aiguiller
Le Vernet
Banne d'Ordanche
St-Sauves
La Bourboule
Le Mt Dore
Murol
St-Nectaire
Lac de Chambon
P. de l'Angle
Chambon
Tauves
La Tour d'Auvergne
P. de Sancy 1886 m
Super-Besse
Chastreix
Lac Pavin
Picherande
CEZALLIER
Lac Chauvet

LE CÉZALLIER

▲ **Les formes**

Ce massif fait la jonction entre les monts Dore et celui du Cantal. Il culmine à 1 550 mètres au Signal du Luguet. La plus grande partie est couverte de nombreuses coulées empilées (volcanisme hawaïen) et de quelques volcans disséminés (cônes stromboliens et maars).

Des vallées profondément entaillées sur le versant est sont dominées par des plateaux rectilignes formés par d'anciennes coulées affectées par le phénomène d'inversion de relief.

▲ **L'âge**

Les premières coulées ont 20 millions d'années, puis 8 millions d'années à Artout. Mais l'essentiel des basaltes datent d'entre 6,5 et 2 millions d'années Quelques volcans ponctuels bien conservés sont apparus beaucoup plus tard : la Godivelle, Malnon, Sarran à la Chapelle-Marcousse, Mazoires et même jusqu'à des dates récentes (7 000 ans) avec les cônes stromboliens de Montcineyre et Montchal. Il ne faut cependant pas oublier de noter le petit stratovolcan situé autour du Signal du Luguet daté à environ 5 millions d'années.

Les émissions de ponces du Pavin représentent la plus récente éruption connue (-5 400 ans).

▲ **Les glaciers**

Ils ont raboté les plateaux et retravaillé plusieurs vallées aux formes typiques en « U », comme celle de la Couze de Valbeleix. On pourra aussi observer quelques cirques glaciaires comme ceux d'Artout et du Cros de Jorand près de la Godivelle.

MONTS DORE

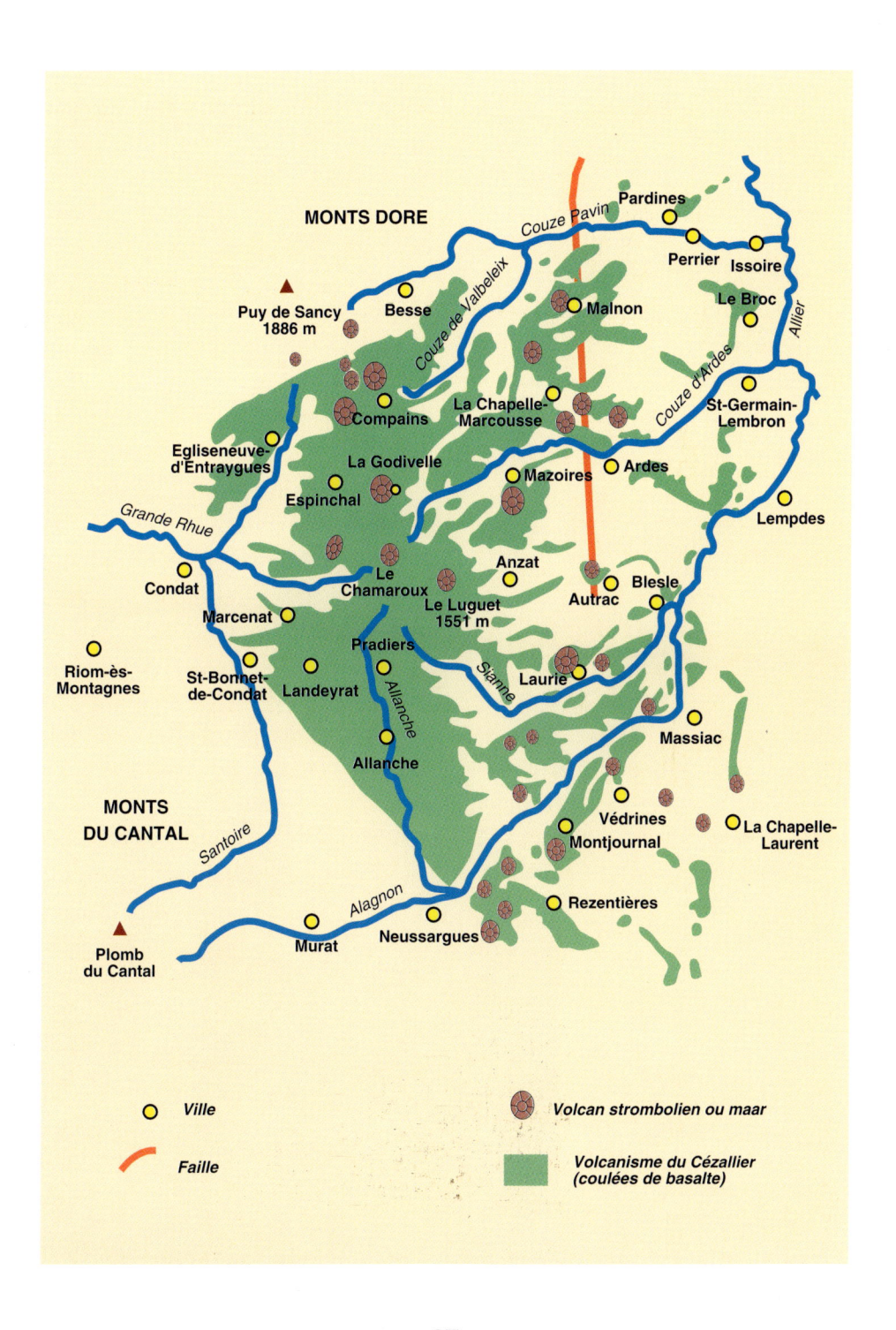

- Puy de Sancy 1886 m
- Besse
- Malnon
- Pardines
- Perrier
- Issoire
- Le Broc
- Compains
- La Chapelle-Marcousse
- St-Germain-Lembron
- Egliseneuve-d'Entraygues
- La Godivelle
- Mazoires
- Ardes
- Espinchal
- Lempdes
- Condat
- Le Chamaroux
- Anzat
- Autrac
- Blesle
- Marcenat
- Le Luguet 1551 m
- Riom-ès-Montagnes
- St-Bonnet-de-Condat
- Pradiers
- Landeyrat
- Laurie
- Massiac
- Allanche
- Védrines Montjournal
- La Chapelle-Laurent

MONTS DU CANTAL

- Plomb du Cantal
- Murat
- Neussargues
- Rezentières

Rivers: Couze Pavin, Couze de Valbeleix, Couze d'Ardes, Allier, Grande Rhue, Allanche, Sianne, Santoire, Alagnon

Légende :
- ○ Ville
- ▬ Faille
- ⬤ Volcan strombolien ou maar
- ▨ Volcanisme du Cézallier (coulées de basalte)

87

LES MONTS DU CANTAL

C'est le plus vaste des volcans en Europe : 2 500 km². Aucun cratère n'est visible car l'érosion a profondément modifié ce stratovolcan éteint depuis 4 millions d'années. Son aspect a constamment évolué durant les 18 millions d'années de sa « vie », succession de phases éruptives et de phases de dégradation sous l'action des eaux ou des glaciers. Il s'est édifié en 5 phases :

▲ Les premiers volcans

Ils s'implantent çà et là entre -9 et -7 millions d'années.

▲ L'ancien Cantal

Un stratovolcan s'installe vers -9 millions d'années. Un magma acide alimente des écoulements pyroclastiques et des éruptions violentes avec accumulation de cendres et de ponces. Il s'ensuit l'effondrement d'une caldera au niveau actuel du Griou (disparue aujourd'hui).

▲ Le *nouveau Cantal*

L'essentiel des reliefs actuels s'édifient entre -8 et -7 millions d'années. Les laves sont des trachyandésites. Autour de l'ancienne caldera, de multiples bouches éruptives entrent en activité et vomissent des quantités énormes de laves « mousseuses », les brèches typiques du Cantal. Puis apparaissent des coulées de lave, quelques dômes (puy Mary) et des protrusions (puy Griou).

▲ Les plateaux basaltiques

Il y a 5,5 millions d'années, les sommets sont déjà attaqués par l'érosion. Le magma va couler à flot par des centaines de bouches éruptives ouvertes sur les flancs du stratovolcan. Ces éruptions créent les planèzes jusqu'à -4 millions d'années puis le volcan s'éteint.

▲ La phase d'érosion

Durant les périodes glaciaires, dans toutes les vallées du massif, des fleuves de glace épaisse retravaillent les formes du relief pour laisser de superbes vallées en « U ». Par la suite, le travail des eaux sera important et provoquera de nombreux glissements de terrain.

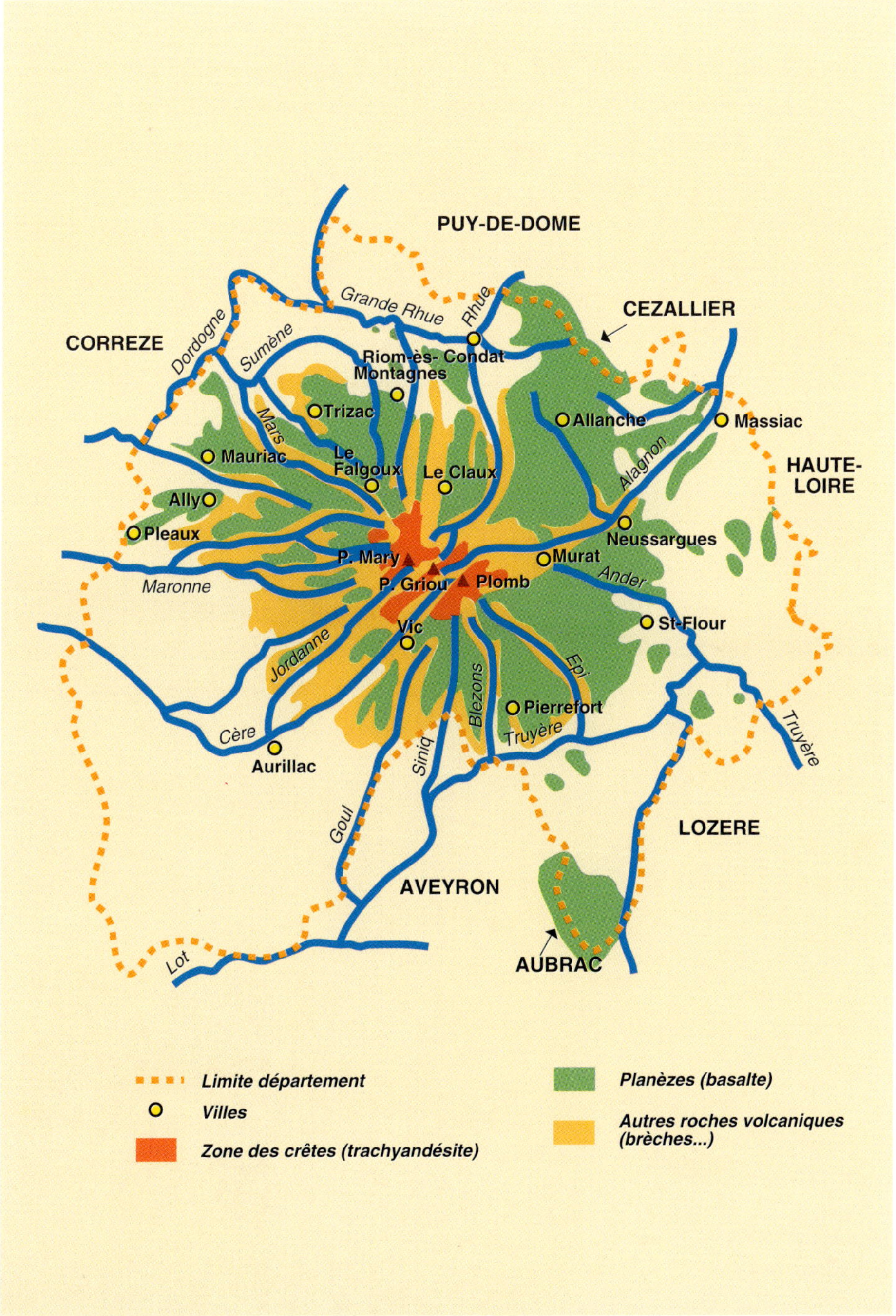
PUY-DE-DOME
CEZALLIER
CORREZE
HAUTE-LOIRE
LOZERE
AVEYRON
AUBRAC
Grande Rhue
Rhue
Dordogne
Sumène
Mars
Maronne
Jordanne
Cère
Goul
Siniq
Blezons
Epi
Truyère
Alagnon
Ander
Lot
Riom-ès-Montagnes
Condat
Trizac
Allanche
Massiac
Mauriac
Le Falgoux
Le Claux
Ally
Pleaux
Neussargues
P. Mary
P. Griou
Plomb
Murat
St-Flour
Vic
Pierrefort
Aurillac
Limite département
Villes
Zone des crêtes (trachyandésite)
Planèzes (basalte)
Autres roches volcaniques (brèches...)

HAUTE-LOIRE ET HAUTE-ARDÈCHE

Le volcanisme de cette région est particulièrement développé et comprend plusieurs secteurs bien distincts :

▲ **Le Devès**, immense plateau qui sépare les hautes vallées de l'Allier et de la Loire, constitué entre -3 et -1 millions d'années. Les épisodes éruptifs ont été soit des écoulements considérables de basalte (type hawaïen), soit des cônes de scories (150 volcans de type strombolien), soit enfin des maars. Au nombre d'une quarantaine, la plupart sont des lacs comblés, sauf le très beau lac du Bouchet.

▲ **Le bassin du Puy** présente aussi des coulées de basalte, des maars et des volcans stromboliens. Les très spectaculaires pitons dans la ville du Puy sont constitués de brèches correspondant à la cheminée déchaussée d'anciens volcans particuliers, édifiés en milieu lacustre.

▲ **Le Velay oriental** et **la Haute-Ardèche** constituent une région étonnante, édifié depuis 13 millions d'années. On y trouve une multitude de formes volcaniques : dômes de trachyte ou de rhyolite, coulées de basalte et surtout les multiples protrusions de phonolite qui font la particularité de cette région : des dizaines de sucs parsèment le paysage de l'Emblavès, du plateau ardéchois (Gerbier de Jonc) ou les hautes vallées ardéchoises (Borée), ainsi que les massifs dômes-coulées de phonolite du Meyzenc, du Meygal et du Lizieux.

Légende

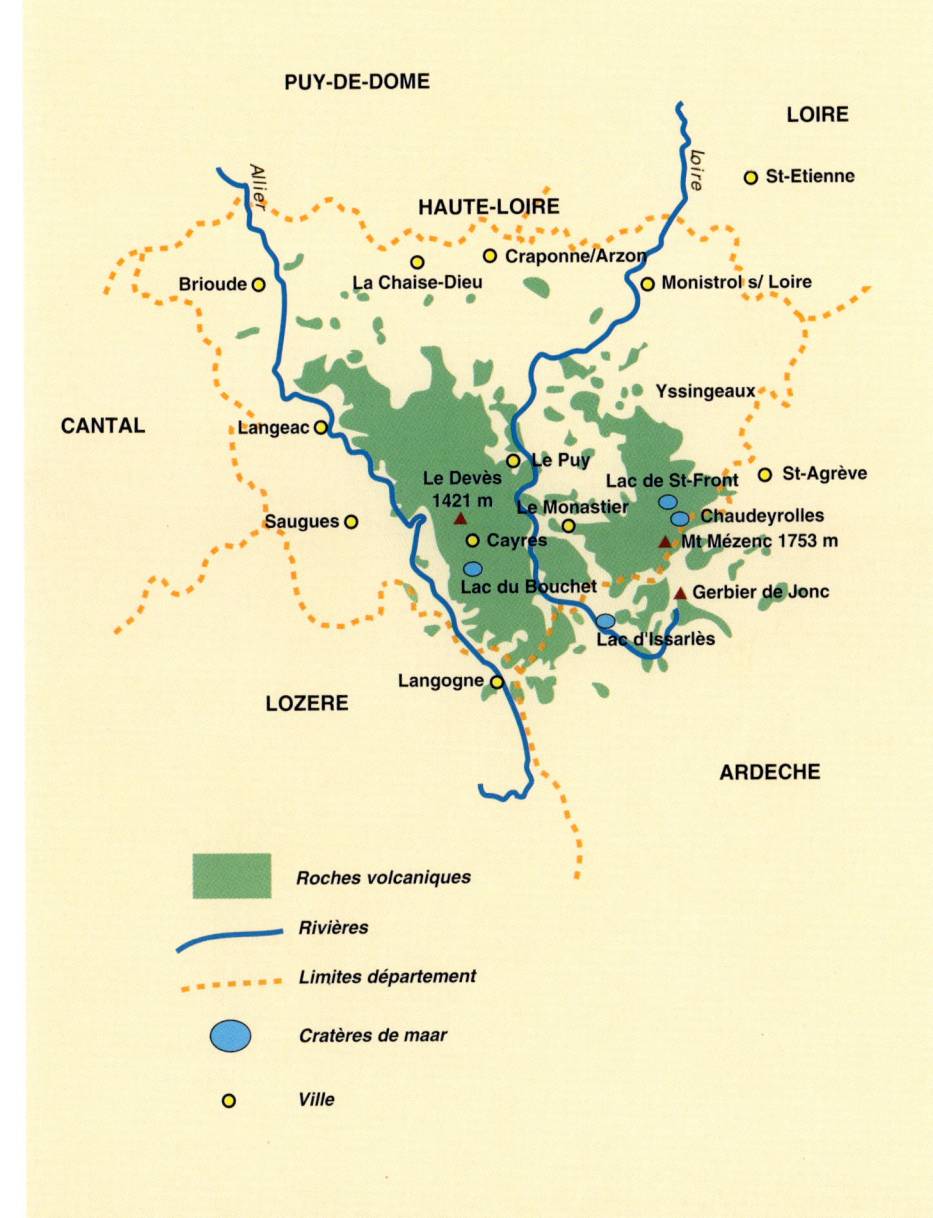

- Roches volcaniques
- Rivières
- Limites département
- Cratères de maar
- Ville

AGE M.A*	PERIODE	GEOLOGIE	VEGETAUX	ANIMAUX
	Pléistocène	Glaciations	Flore actuelle	- 0,4 Homo sapiens
2	Pliocène	Volcanisme auvergnat		- 3,4 Hominidés
23	Miocène	Alpes		
35	Oligocène		Développement des plantes à fleurs	Prédominance des mammifères et des oiseaux
65	Eocène	Pyrénées		
140	Crétacé			
195	Jurassique	Bassin Aquitain Bassin Parisien		Grands reptiles
230	Trias		Conifères	Premiers oiseaux Premiers mammifères
280	Permien			
340	Carbonifère	Chaîne Hercynienne (au sens large)		Premiers reptiles Premiers batraciens Premiers poissons
400	Dévonien	Charbon, granite	Premiers arbres Fougères Mousses	
440	Silurien	« Socle » métamorphique du Massif Central		
500	Ordovicien		Algues, champignons, lichens	Premiers vertébrés Invertébrés
570	Cambrien		Algues bleues Bactéries	
4570		Premiers restes d'organismes : 2 500 MA ? spores, mycélium		

L'ÂGE DE LA TERRE

* Remarque : MA = Million d'années

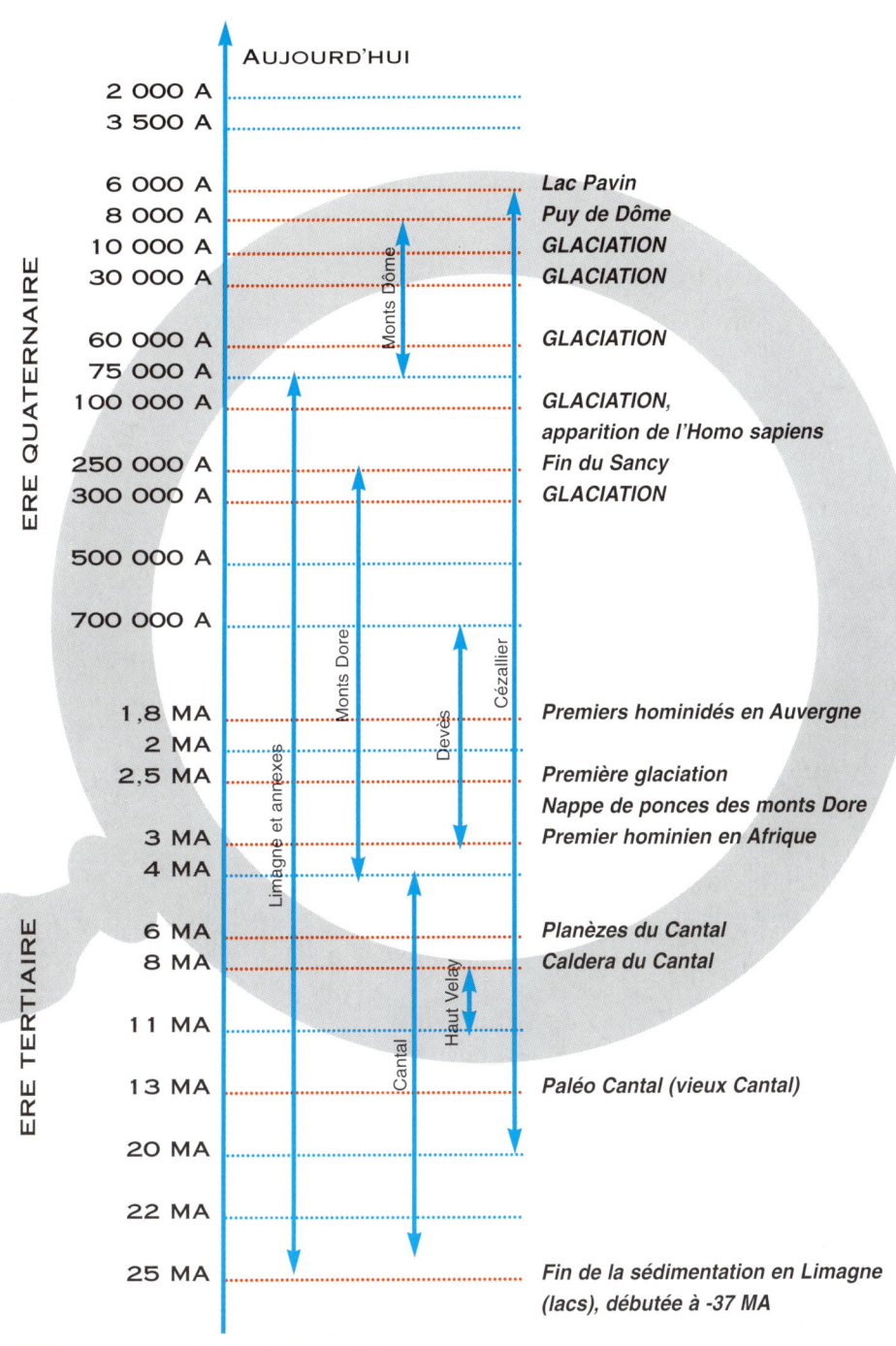

L'ÂGE DES VOLCANS

ERE QUATERNAIRE

AUJOURD'HUI	
2 000 A	
3 500 A	
6 000 A	Lac Pavin
8 000 A	Puy de Dôme
10 000 A	GLACIATION
30 000 A	GLACIATION
60 000 A	GLACIATION
75 000 A	
100 000 A	GLACIATION, apparition de l'Homo sapiens
250 000 A	Fin du Sancy
300 000 A	GLACIATION
500 000 A	
700 000 A	

ERE TERTIAIRE

1,8 MA	Premiers hominidés en Auvergne
2 MA	
2,5 MA	Première glaciation
	Nappe de ponces des monts Dore
3 MA	Premier hominien en Afrique
4 MA	
6 MA	Planèzes du Cantal
8 MA	Caldera du Cantal
11 MA	
13 MA	Paléo Cantal (vieux Cantal)
20 MA	
22 MA	
25 MA	Fin de la sédimentation en Limagne (lacs), débutée à -37 MA

Périodes d'activité : Monts Dôme, Monts Dore, Devès, Cézallier, Limagne et annexes, Cantal, Haut Velay

Les pointillés rouges signifient : activité probable

La pierre volcanique est la base de la construction des maisons traditionnelles, que ce soit pour les façades (pierres de taille) ou pour les toitures (pierres plates à débit en dalles, souvent en phonolite). Maison à Chastreix.

VOLCAN, NATURE ET HOMME...

Il existe une influence importante des phénomènes volcaniques passés sur tout ce qui fait ce pays aujourd'hui ?

Il y a bien sûr en tout premier lieu le paysage. Il est profondément marqué par les épisodes éruptifs dont l'influence sur le relief est considérable : formes arrondies de l'ancien massif granitique fortement transformées en reliefs puissants comme dans les monts Dore et le Cantal exceptionnellement originales des cratères et des lacs.

Moins visible est la formation de nouveaux sols sur les matériaux volcaniques apportés par les éruptions. Et pourtant leur présence est souvent synonyme de sols riches. N'est-il pas surprenant de trouver des champs de céréales vigoureux à plus de 1 100 mètres d'altitude sur la planèze de Saint-Flour ?

Néanmoins, il faut éviter de généraliser. En effet, si les coulées à surface lisse et les couches de scories ont permis l'installation de bons sols (nommés andosols ou sols andiques), il faut avoir à l'esprit que l'on peut aussi trouver des sols très acides sur certaines roches comme le trachyte ainsi que des sols quasi inexistants sur les crêtes et sur les coulées de lave à surface chaotique (cheires).

De ce fait, les conséquences sont fortes sur la richesse de la végétation, l'importance des implantations humaines au cours des temps et la richesse de l'activité agricole.

L'homme a implanté son habitat en employant les matériaux trouvés sur place et l'observation du bâti est souvent un excellent indice de la présence de telle ou telle roche dans la région immédiate, employée comme pierre à bâtir les murs ou pour la couverture des toitures (dalles de pierre nommées lauzes).

Aujourd'hui, le volcanisme est la source d'une des principales richesses de l'Auvergne : son paysage, et particulièrement ses grands sites touristiques qui sont devenus des « phares » incontournables : puy Mary, puy de Sancy, mont Mézenc et bien sûr le symbolique puy de Dôme. Beaucoup d'autres petits coins secrets sauront vous séduire, des immensités sauvages du Cézallier à l'Aubrac et aux plateaux de la Haute-Loire et de l'Ardèche. Mais place à la découverte maintenant...

Et pour en savoir plus

Ouvrages scientifiques :

- De GOËR de HERVE (A.) et CAMUS (G.), *Volcanologie de la Chaîne des Puys*, éd. Parc des Volcans, Carte et Notice, 1991.
- MERGOIL (J.) et BOIVIN (P.), *Le Velay, son volcanisme et les formations associées*, éd. EAVUC, 1993.
- *Volcanisme et volcans d'Auvergne, N°8*, éd. La Dépêche Scientifique du Parc des Volcans, 1995.

Ouvrages grand public :

- JOBERTON (G.), *Auvergne Terre de Volcans*, éd. De Borée, 1993.
- BARNAGAUD (J. M.), *Roches et Minéraux d'Auvergne*, éd. De Borée, 1995.

Lexique :

Accrétion : accumulation de lave à la limite de deux plaques, ce qui provoque leur élargissement.

Caldera : cratère d'effondrement.

Cheire : nom local pour désigner des coulées.

Cône : forme d'un volcan (forme conique).

Dôme : forme d'un volcan (arrondie).

Dôme-coulée : volcan de forme arrondie et étalée. La lave du dôme peut s'épancher sur quelques centaines de mètres.

Dorsale océanique : ligne d'activité volcanique dans les océans.

Dynamismes éruptifs : formes que prennent les manifestations volcaniques, qui peuvent être effusives, explosives ou extrusives. Une même éruption peut être caractérisée, en même temps ou successivement, par plusieurs dynamismes éruptifs.

Lapilli : projections de lave de taille moyenne.

Nuée ardente : coulée brûlante de cendres et de gaz.

Planèze : paysage plat dû à la surface d'une coulée de lave fluide.

Plaques : parties mobiles qui constituent le « plancher terrestre ».

Point chaud : zone de bombement du manteau et de l'écorce terrestres, sous l'effet d'un flux de chaleur provenant du centre de la Terre.

Protrusion : forme volcanique donnant un relief pointu.

Pyroclastique : constitué de projections volcaniques.

Silice : un des principaux composants chimiques des roches.

Stratovolcan : volcan de type complexe.

Subduction : rencontre de deux plaques, dont l'une s'enfonce sous l'autre et se fond dans le manteau.

Tectonique (des plaques) : déplacements et déformations des plaques continentales et océaniques.